SEX
FANTÁSTICO
EM 28 DIAS

UMA TRANSFORMAÇÃO
COMPLETA NA
VIDA SEXUAL

Conforme Novo Acordo Ortográfico

ANNE HOOPER

SEX FANTÁSTICO EM 28 DIAS

UMA TRANSFORMAÇÃO COMPLETA NA VIDA SEXUAL

Tradução:
Julia Vidili

Publicado originalmente em inglês sob o título *28 Days to Fabulous Sex,* "Um livro Dorling Kindersley" (www.dk.com) [DK]
© Dorling Kindersley Limited.
© 2005, texto de Anne Hooper.
Direitos de edição e tradução para o Brasil.
Tradução autorizada do inglês.
© 2010, Madras Editora Ltda.

Editor:
Wagner Veneziani Costa

Produção e Capa:
Equipe Técnica Madras

Tradução:
Julia Vidili

Revisão:
Wilson Ryoji Imoto
Vera Lucia Quintanilha
Daniela de Castro Assunção

DADOS INTERNACIONAIS DE CATALOGAÇÃO NA PUBLICAÇÃO (CIP)
(CÂMARA BRASILEIRA DO LIVRO, SP, BRASIL)

Hooper, Anne, 1941

Sexo fantástico em 28 dias: uma transformação completa na vida sexual/texto de Anne Hooper; tradução de Julia Vidili. – 3 ed. – São Paulo: Madras, 2010.

Título original: 28 days to fabulous sex
ISBN 978-85-370-0303-9

1. Orientação sexual - Obras de divulgação. 2. Sexo - Obras de divulgação I. Título.

07-9297   CDD-613.96

Índices para catálogo sistemático:
1. Técnicas sexuais: Obras de divulgação
613.96

Proibida a reprodução total ou parcial dessa obra, de qualquer forma ou por qualquer meio eletrônico, mecânico, inclusive por meio de processos xerográficos, incluindo ainda o uso da internet, sem a permissão expressa da Madras Editora, na pessoa de seu editor (Lei nº 9.610, de 19.2.98).

Todos os direitos dessa edição, em língua portuguesa, reservados pela

MADRAS EDITORA LTDA.
Rua Paulo Gonçalves, 88 — Santana
CEP: 02403-020 — São Paulo/SP
Caixa Postal: 12183 — CEP: 02013-970 — SP
Tel.: (11) 2281-5555 — Fax: (11) 2959-3090
www.madras.com.br

Índice

Introdução 6

PARTE UM
Sua vida sexual 9
Bastante sexo é bom para você 10
O que você realmente quer? 12
Você se sente *sexy*? 14

PARTE DOIS
Sexercício 21
Equilíbrio 22
Fique elástico — massagem 24
Fique elástico — alongamentos 26
Fique elástico — estabilidade 32
Ginástica do prazer 34
Orgulho do corpo 38
Fique em forma com sexo 40
Resistência sexual 56

PARTE TRÊS
Comida e sexo 59
O piquenique sensual 60
Alimentos para aumentar a libido 64
Vigor sexual 68
Lanchinhos sexuais 72
Suplementos herbais e minerais 74
Assassinos da paixão 76

PARTE QUATRO
O Plano de 28 Dias 79
Como usar o Plano de 28 Dias 80
O padrão básico 82
De quanta comida um corpo saudável precisa? 84
De quanto sexo um corpo saudável precisa? 86
Sono, hormônios e carinho 88
Receitas 146
Índice Remissivo 153

Introdução

ESTAR FORA DE FORMA E ACIMA DO PESO não significa, necessariamente, que seu desejo sexual ficará alterado. Mas certamente significa que seu desempenho sexual o será. E para cada uma das pessoas que lutaram contra a balança e venceram, há muitas outras que perderam a batalha.

Este livro, portanto, trata da boa forma sexual, deixando a vergonha de lado para afinar o corpo. Não é dirigido a adolescentes (a menos que estejam exageradamente acima do peso), uma vez que os jovens devem primeiro atingir sua forma adulta plena antes de sequer pensar em fazer dieta. Mas ele se dirige a qualquer pessoa com mais de 21 anos que queira aproveitar ao máximo sua saúde e versatilidade sexual e permanecer jovem. Sim, é possível permanecer jovem na meia-idade se você prestar atenção em seu corpo e ouvir o que ele está lhe dizendo.

sexo fantástico em quatro fases

Este livro concentra-se em quatro pontos de ação específicos:

Alimentação Descubra o que se adequa à sua digestão para que o alimento fique confortável dentro de você. Se alguma vez já tentou fazer amor com indigestão após uma refeição inadequada, sabe do que estou falando.

Padronização Ensine a seu cérebro novos padrões de alimentação, para que ele não recaia automaticamente naqueles antigos e pouco saudáveis.

Fortalecimento do corpo Realize exercícios simples, tanto físicos como sexuais, de forma que seus músculos se acostumem ao movimento e obedeçam a seus comandos com facilidade.

Escolha sexual Descubra quando seu corpo se sente bem para o sexo e preste atenção quando ele diz não. Muitas pessoas esperam que o corpo funcione como um mecanismo, sempre pronto para a expressão sexual, quando na verdade, esse nem sempre é o caso. É preciso voltar a descobrir como ouvir o corpo; ter consciência do processo digestivo é o segredo para isso.

Introdução

Você pode enxugar seu corpo, perder peso e manter um padrão de alimentação saudável. Exercícios que beneficiam a expressão e o desempenho sexual sempre existiram, mas precisamos derrubar algumas de nossas barreiras defensivas a respeito deles. Seja ousado e admita que parte do motivo para se manter em forma é ser saudável e *sexy*. E, embora eu não ache que você deva começar a praticar uma determinada posição sexual só porque alguém o mandou fazer isso, sei que muitas pessoas querem ideias para poder ter mais opções. Por isso, todos os exercícios e posições sexuais aqui descritos são opcionais — estão aqui para você, se quiser; não são obrigatórios, se não desejar.

Sou a primeira pessoa a saber o quanto é difícil manter um padrão de alimentação saudável. Como chocólatra, tenho consciência de como os mais firmes princípios se esvaem quando você vê uma nova barra de chocolate no mercado, que, é claro, simplesmente precisa experimentar. A solução que realmente deu certo para mim foi que, se aprendemos a comer segundo um padrão bem definido, ele acaba por entrar no subconsciente e começa a funcionar automaticamente. Afinal de contas, é isso o que acontece, sem percebermos, quando aprendemos a comer na infância.

Uma combinação desse padrão alimentar, mais a prática do Pilates,* me ajudou a emagrecer e ficar mais forte. Isso significa que tenho força suficiente para representar um papel proativo no ato amoroso e flexibilidade corporal o bastante para me divertir com algumas das mais inusitadas posições sexuais. E a combinação geral de boa saúde com sexualidade fácil significa que eu me sinto bem. Sinto-me feliz. Seria maravilhoso se você pudesse sentir o mesmo. É para isso que este livro existe!

Conte-me como foi seu Plano de 28 Dias.

Anne J. Hooper

---

* N.E.: O método Pilates é um sistema de exercícios terapêuticos desenvolvido em 1920 pelo legendário fisioterapeuta e atleta alemão, Joseph H. Pilates.

COMO USAR ESTE LIVRO

O **capítulo um** o ajuda a diagnosticar a sua forma, sexualmente falando, e a decidir o que quer do sexo.

O **capítulo dois** descreve o treinamento físico que pode ser usado para desenvolver os músculos específicos empregados na atividade sexual vigorosa. Essa seção é totalmente opcional. Se a ideia o perturba, é melhor pular essa parte.

O **capítulo três** concentra-se nos alimentos específicos para você, além de dar algumas grandes ideias para um sexo "alimentar".

O **capítulo quatro** consiste no Plano de 28 Dias, que permite treinar os hábitos alimentares de acordo com um padrão saudável, começando pela opção de uma dieta adequada. Ele também sugere a atividade sexual apropriada para as mudanças pelas quais seu sistema digestivo estará passando. Dessa forma, o sexo parecerá maravilhoso e gratificante, e não uma atividade tensa e dolorosa. Essa seção também dá algumas ótimas ideias sobre como adaptar o plano e torná-lo divertido.

PARTE UM

Sua vida sexual

O sexo bom requer a combinação de mente e corpo, em que cada aspecto do ser interage para produzir uma maravilhosa experiência emocional e física. A maior parte dos manuais de sexo concentra-se nos aspectos técnicos e terapêuticos e muito poucos, nos aspectos de saúde e forma física. Porém, vivemos em um período de oferta de alimentos sem precedentes no mundo ocidental, quando um número até então inédito de pessoas é clinicamente obeso. Como essa obesidade pode estar influindo na vida sexual delas? Na primeira seção nós o ajudaremos a avaliar a sua boa ou má forma para o sexo.

Bastante sexo é bom para você

Por que um livro de dieta sexual? Por que não apenas um livro de dieta e exercícios? O sexo é um grande incentivo para entrar em forma e dá significado à vida, é uma razão para o auto-aperfeiçoamento e traz enormes benefícios e vantagens para a saúde.

Não há dúvida de que ter bom sexo regularmente é uma experiência gratificante. Homens e mulheres que se amam interpretam o intercurso sexual como uma forma de demonstrar carinho um pelo outro. A experiência do toque simples é reconfortante, ao passo que o intercurso sexual permite que a maior parte do corpo de uma pessoa esteja tão próxima da maior parte do corpo da outra quanto fisicamente possível. Pessoas acariciadas com amor e confiança sentem-se confiantes também e são capazes de enfrentar o mundo e ser felizes. O toque funciona em todas as idades e aspectos da vida. O toque acalma bebês, ajuda a curar enfermos, socializa delinquentes e é o caminho para desenvolver a intimidade amorosa. O sexo é a experiência definitiva do toque e, quando é realmente bom, leva ao conforto do corpo e (muito ocasionalmente) ao êxtase da mente.

o que um homem pode dar a uma mulher

A mistura de fluidos sexuais pode significar benefícios de saúde verdadeiros para homens e mulheres. Uma mulher recebe pequenas porções de testosterona como resultado do orgasmo de seu amante (claro, desde que eles não usem métodos contraceptivos de barreira). Em bases regulares, essa química pode contribuir para aumentar seus níveis de energia e sensibilidade sexual, proporcionar uma libido saudável e melhorar a forma física. A observação clínica mostra que mulheres que mantêm intercurso regular com seus parceiros durante a idade madura têm os órgãos vaginais em melhor forma e condição, com mais lubrificação e flexibilidade, do que as que não o fazem. As mulheres naturalmente perdem testosterona do corpo durante a menopausa e depois, mas as que são encorajadas a permanecer sexualmente ativas, não precisam tanto de lubrificantes vaginais ou reposição de testosterona. O interior da vagina consiste de uma membrana mucosa úmida, que absorve substâncias (como a testosterona) tão facilmente quanto as membranas úmidas da boca e da língua.

o que uma mulher pode dar a um homem

Há indícios recentes que mostram que o orgasmo diminui o risco de câncer na próstata nos homens. Estes não precisam necessariamente de uma parceira para ejacular, mas uma maioria mensurável deles que continua a ter sexo na idade madura usufrui de outros benefícios. Veja o caso do artista Picasso, que ficou quase tão famoso pela vida sexual incrivelmente longa e ativa quanto por suas pinturas. Estatísticas mostram que cerca de três quartos dos homens deixam de ter intercurso sexual ao atingir os 75 anos. Picasso não apenas ainda fazia sexo (e tinha filhos) nessa idade como, o que é mais importante, ainda estava vivo. Essa afirmação não é tão tola como parece. Cerca de 80% dos homens têm a probabilidade de contrair problemas na próstata mais cedo ou mais tarde — e o câncer de próstata mata. Se o intercurso sexual pode afastá-lo, há muito sentido em estar tão em forma sexualmente quanto possível!

vantagens extras para a saúde

- A experiência do orgasmo pode afastar sentimentos agressivos e ajudar a lidar mais calmamente com problemas cotidianos.

- O sexo melhora o sistema imune; também se descobriu que ajuda a prevenir o desenvolvimento de câncer na mama.

- O orgasmo libera endorfinas: substâncias químicas reconfortantes, que agem como relaxantes e analgésicos.

- Mulheres que têm sexo regular também possuem maiores níveis de estrogênio; estes melhoram a condição de cabelos e pele e ajudam a equilibrar os hormônios na menopausa.

- O sexo permite que os casais façam um exercício aeróbico suave sem realmente perceber. O coito beneficia os pulmões, o coração e os grupos musculares.

O que você realmente quer?

Embora a boa forma não garanta bom sexo, um corpo enxuto ajuda o eu interior, desde que o exercício não seja levado a extremos tais que o corpo acabe se desequilibrando.

EXPERIÊNCIAS MOSTRAM que a melhora da aparência e da forma física andam de mãos dadas com a conquista da confiança sexual. A autoconfiança, afinal de contas, é a felicidade e o relaxamento de sua *persona* interior — o homem ou a mulher interiores.

o você interior

Não importa qual atributo de saúde ou sexualidade você enfrente primeiro. Um faz efeito no outro. Uma pessoa pode começar a melhorar sua saúde sexual com novas posições sexuais, outra com exercício físico, uma terceira com um aumento de libido e uma quarta com a melhora da digestão. Este livro explica as quatro opções de forma sexual. A escolha

do aspecto a ser tratado em primeiro lugar depende de você, leitor.

Não se estresse com a decisão. O mantra geral deste livro é reduzir os níveis de ansiedade e aproveitar o que você já tem. E a mensagem mais importante deste trabalho é que VOCÊ — o você interior — é maravilhoso e digno de amor. Qualquer coisa pode ser transformada no que diz respeito ao você exterior, e essas mudanças podem ajudá-lo a sentir-se bem consigo mesmo. Mas, a longo prazo, é o você interior que realmente importa.

melhorando a boa forma sexual

Por exemplo, com certos parceiros talvez o sexo não funcione bem. Isso não significa que você seja um fracasso, mas provavelmente que você e essa pessoa não se dão bem sexualmente. Mas... e este é um grande mas... vocês podem aprender a fazer sexo juntos; podem aprender a se comunicar verbalmente; podem deixar que as pontas de seus dedos e o toque de sua pele falem. Podem até mesmo aprender como se comunicar na cama — algo dificílimo para muitos de nós. Em outras palavras, é honestamente possível tornar-se sexualmente adequado, aumentando seu leque de possibilidades durante o ato amoroso. Dê uma olhada em algumas das dicas de exercício à direita e passe a avaliar suas opções.

como ser forte e sexy

Eis aqui seus pontos de partida para a boa forma e a boa saúde:

• Avalie suas forças e fraquezas. Em outras palavras: conheça a si mesmo.

• Aumente sua flexibilidade física e sua força corporal geral, especialmente nos músculos pélvicos.

• Adote uma dieta mediterrânea saudável que permita a seu corpo ajustar-se pouco a pouco em tamanho e saúde. Com algumas modificações, essa dieta pode ser acomodada para ajudar a combater a obesidade ou a fortalecer e trabalhar seu corpo se você for magro demais.

• Perca vícios nocivos à saúde, como álcool, tabaco ou drogas.

• Exercite-se tendo em mente posições sexuais específicas.

• Examine-se mentalmente para certificar-se de não estar exagerando na dieta ou nos exercícios. Exageros em qualquer regime podem criar tensões pessoais que bloqueiam a sensibilidade sexual.

• Leve a sério a qualidade do alimento que põe para dentro de seu corpo e o efeito físico que ele exerce sobre sua tolerância digestiva. Se você se sente apático, terminará apático no ato amoroso.

• Esteja consciente da jornada do alimento através de seu corpo. Seu corpo está facilitando essa jornada? Seu sistema digestivo está contribuindo para seu frescor e boa forma?

Você se sente *sexy*?

Sempre queremos saber mais sobre sexo. Será que os amigos e vizinhos também têm as incríveis sensações que experimentamos? Como nos compararmos com eles? Há meios de agradar ainda mais a um parceiro? É possível que nos tornemos amantes melhores do que já somos? Essas são apenas algumas das questões que devemos colocar a nós mesmos. Um dia meio "mais ou menos" também deve trazer as seguintes questões: Sou atraente? Sou um bom amante? Há alguma maneira de aproveitar ainda mais o sexo? Existe algum modo de meu parceiro aproveitar ainda mais o sexo? E assim por diante. Como você é na hora de descobrir seu potencial sexual? Como descobre se você e seu amante podem ficar ainda mais *sexies*?

os testes sexuais

A seguinte série de questões e exercícios físicos das próximas páginas tem como objetivo dar informação suficiente sobre sua sexualidade para responder a algumas das questões acima. A informação obtida será uma plataforma para mudar e aperfeiçoar elementos e para melhorar a vida amorosa que você já tem. As respostas aos testes oferecem novas direções a tomar, caso você descubra alguma área de ignorância ou falta de conhecimento.

teste de resistência

É melhor fazer este teste na privacidade. Ele parece bem esquisito. Ajoelhe-se, apoie-se nas mãos e visualize o parceiro perfeito deitado sob você. Marque a hora exata do início do exercício e comece a se mexer como se estivesse penetrando seu parceiro. Este exercício é particularmente bom para mulheres, porque é uma experiência em primeira mão da necessidade de resistência dos seus parceiros na cama. Depois de "sacudir" seu "parceiro" por tanto tempo quanto aguentar, veja a hora em seu relógio.

Fui bem?

Cinco minutos Se você estiver em forma, magro e cheio de energia, deve ter conseguido cinco minutos ou mais.

Três minutos Este é o tempo médio da sessão de intercurso sexual — um intervalo que não pode remeter a ocasiões muito memoráveis!

Um minuto ou menos Se, como a maioria das mulheres, você desabou em menos de um minuto, já pode começar a ter uma ideia sobre a sua boa — ou má — forma.

teste do conhecimento sexual

- Você sabe como:
• Satisfazer sexualmente a si mesmo?
• Satisfazer sexualmente seu parceiro com a mão?
• Satisfazer sexualmente seu parceiro com a boca?

- Você conhece seus próprios pontos erógenos?

- Você conhece os pontos erógenos de seu parceiro?

- Você sabe como fazer sexo anal de forma confortável?

- Você sabe onde é o ponto G/próstata de seu parceiro?

- Você sabe fazer uma massagem sensual?

- Você sabe qual a época mais sexual do mês para uma mulher?

- Você sabe qual a hora mais sexual do dia para um homem?

- Você sabe como:
• Evitar a ejaculação precoce?
• Superar problemas de impotência?
• ajudar sua parceira se ela estiver tendo problemas de orgasmo?

- Já usou ou pensaria em usar um brinquedo sexual — particularmente, um vibrador?

como fui?

Maioria de não Se você marcou mais "não" do que "sim", perceberá que há muitas lacunas em seu conhecimento sexual básico, que se beneficiaria de um pouco de educação sexual.

Maioria de sim Se marcou mais "sim" que "não", muito bem! Lembre-se que mesmo os mais sábios ainda têm o que aprender. Tente algumas das ideias de sexo do Plano de 28 Dias.

3 teste da bebida e do cigarro

cigarro

Você fuma? Se sim, quantos cigarros por semana? E que idade tinha quando começou? O perigo sexual do fumo é cumulativo. Se um homem fumar muito durante a adolescência e os 20 anos, arrisca-se a desenvolver disfunções eréteis durante a terceira e quarta décadas de vida. Para as mulheres, fumar reduz a capacidade de ter sensações localizadas na região pélvica. Além disso, a fumaça passando constantemente pelo rosto cria rugas ainda mais rápido que a exposição prolongada ao sol.

bebida

Você bebe? Se sim, quanto e com que frequência? Algumas doses ocasionais de álcool podem diminuir a inibição e aumentar a sensação de desejo. Você sabia, porém, que o álcool:

• Entorpece as terminações nervosas da genitália masculina e feminina?

• Diminui a lubrificação feminina e pode levar a um sexo doloroso?

• Pode fazer cair a libido, matar o desejo sexual e causar impotência?

4 teste da destreza oral

▪ Você consegue mover a ponta da língua rapidamente para cima e para baixo?

▪ De um lado para o outro?

▪ Você pode empurrar rapidamente a língua para a frente?

Se você precisa de uma explicação quanto à utilidade deste teste, há uma bela lacuna em seu conhecimento e técnica sexuais.

5 o teste da destreza manual

Ao abrir os dedos sobre uma mesa, você consegue:

▪ Erguer cada dedo separadamente para cima e para baixo, sem mover os outros dedos e sem hesitação?

▪ Consegue fazer isso começando pelo mindinho e indo até o polegar?

▪ Consegue fazer isso ao contrário — do polegar até o mindinho?

▪ Por fim, você consegue fazer isso na mão inteira, em ambas as direções, diversas vezes sem hesitar?

Quanto mais destreza manual você tiver, maior a probabilidade de que consiga brincar com os genitais de seu parceiro, ajudando-o a fazer música sexual.

teste de massa corporal

Este teste é uma simples questão de medir sua altura e peso. Calcule a massa corporal no lugar em que a linha do peso cruza a linha da altura. A seção mais escura no centro da tabela mostra a faixa de massa corporal considerada saudável. Esse será o peso ideal para alguém de sua altura ser bom em um exercício físico, incluindo o sexual.

Tabela de índice de massa corporal

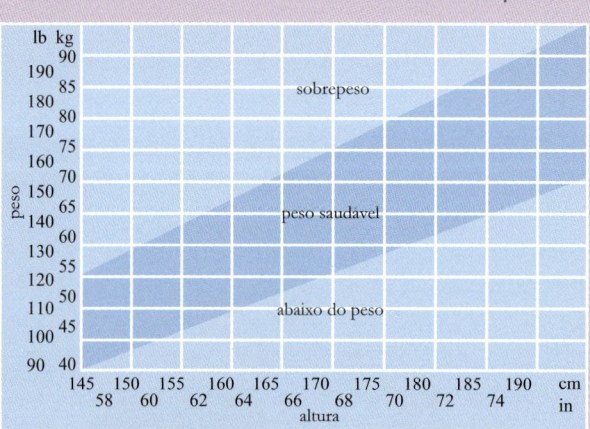

como fui?

Se você estiver acima da massa corporal ideal, isso pode indicar que precisa perder algum peso e, de forma geral, fazer mais exercício. Homens e mulheres muito acima do peso normalmente são letárgicos e perdem o interesse por sexo.

Se você estiver abaixo da massa corporal ideal, pode estar sem resistência e, se for particularmente frágil, pode se contundir com facilidade. Mulheres excessivamente abaixo do peso podem deixar de menstruar e perder libido sexual.

Note que a tabela acima aplica-se apenas aos maiores de 21 anos. Se você tiver menos que isso, consulte seu médico para ter uma indicação da faixa de massa corporal ideal para sua idade.

teste da sensibilidade emocional

- Você consegue sintonizar-se ao humor de seu parceiro antes de começar a fazer amor?
- Você toca, afaga e abraça seu parceiro em outras ocasiões que não o sexo?
- Você diz a seu parceiro que o ama ao menos três vezes por semana?
- Já fez amor por causa de seu parceiro, mesmo sem vontade?
- Você planeja (e realiza) noites românticas?
- Se, devido às circunstâncias, você tem pouco tempo para o romance, procura manter contato com seu amante por carta, telefone e *e-mail*?
- Seu parceiro se sente confiante o bastante na relação com você para dizer não de vez em quando? E você?
- Você sabe o efeito que a criação e a experiência sexual anterior de seu parceiro podem ter em sua maneira de lidar com o sexo?
- Você consegue comunicar solicitações sexuais difíceis a seu parceiro?

Não há respostas certas ou erradas. Mas se você tiver mais "não" do que "sim", pode ser bom:
- aprender mais sobre seu parceiro,
- ter mais conversas íntimas.
- passar tempo bastante com seu amante para que ele se sinta amado.

análise final

Se você olhar o que aprendeu ao fazer esses testes, deve possuir agora alguns pontos de partida importantes a respeito de sua forma e capacidade sexuais.

PARTE DOIS

Sexercício

Estar em forma certamente não é tudo. Mas, se isso for usado de forma carinhosa e sensual, pode fazer com que você e seu parceiro sintam-se ótimos. Além disso, o próprio intercurso sexual oferece métodos maravilhosos de fazer exercícios aeróbicos e permanecer flexível! Aqui, concentramo-nos no tipo de exercício que ajuda a facilitar a mobilidade sexual e aumentar a força física. Se você não conseguir manter o intercurso por mais de três minutos, a experiência sexual provavelmente não será satisfatória. O aumento da força sexual não é, de forma alguma, um substituto para o amor ou a comunicação, mas ajuda a ter uma experiência física muito melhor quando você chega à cama. Nas próximas páginas, você encontrará exercícios que facilitam o intercurso e trazem um tipo aeróbico de atividade sexual.

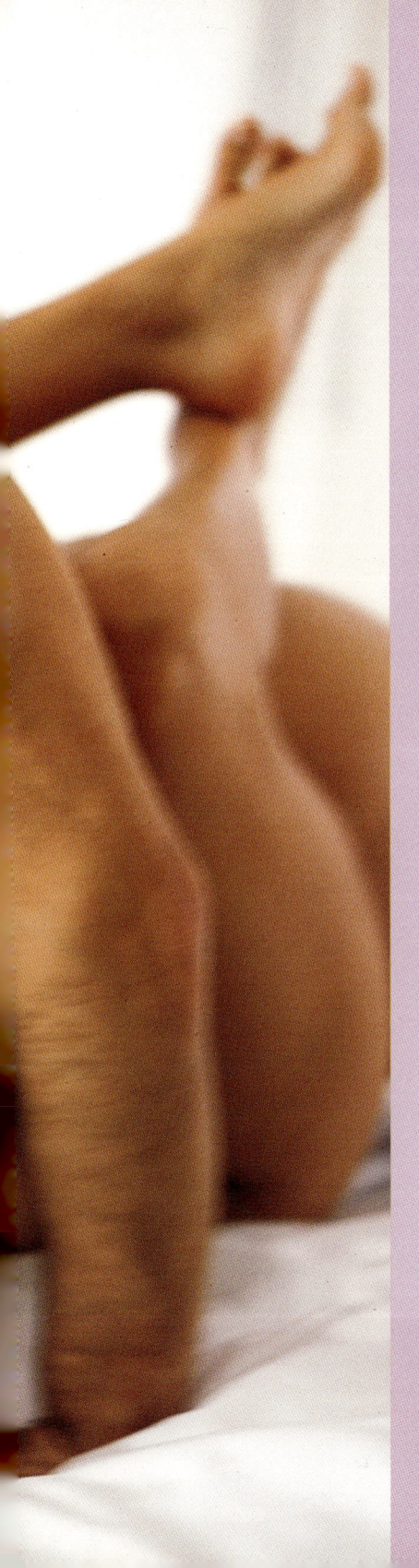

Equilíbrio

Uma boa ginástica sensual começa com o relaxamento de cada um dos músculos do corpo. Quando começamos a nos exercitar, com frequência nos sentimos cansados. Pessoas exaustas não conseguem se exercitar bem. Por isso, é sempre bom começar com um relaxamento. Inicie cada sessão de ginástica deitado de costas e, do dedão do pé até o rosto, vá subindo pelo corpo, tensionando cada músculo por cinco segundos e relaxando. Quando se sentir pronto, passe para o fluxo de sangue.

fluxo de sangue

Este exercício aumenta o calor em torno da cabeça e do pescoço, de forma semelhante ao que ocorre na excitação sexual. Fiquem um de frente para o outro e deem as mãos. Os dedos do pé dela ficam ligeiramente sobrepostos aos dele. Ele fica firme, enquanto ela se inclina para trás até onde for seguro e deixa que a cabeça siga esse movimento. Esse exercício é um pouco desorientador e cria um fluxo de sangue em direção à cabeça dela, facilitando, assim, a excitação. Grupos musculares dos braços de ambos são trabalhados. Mantenham a posição enquanto contam até 10 e depois troquem de lugar. Evite este exercício se tiver problemas nos ombros.

equilíbrio interior

Uma das formas para qualquer posição sexual funcionar bem é você ter desenvolvido uma forte estabilidade interior. Ficar em um pé só parece um exercício ridiculamente simples, mas a menos que você tenha trabalhado esse equilíbrio interior, a posição pode ser dificílima de manter. Comece ficando de pé em uma postura equilibrada e, devagar, erga uma das pernas para trás. Mantenha a posição, cuidando para que a pélvis fique nivelada. Isso ajuda a lembrar que você precisa contrair os músculos abdominais. Se começar a balançar, segure-se em alguma coisa. Faça este exercício cinco vezes antes de tentar com o outro pé. Repita então o exercício, pondo o pé para frente, e não para trás.

postura da ponte

Se você puder manter essa postura por 10 segundos, vai desenvolver um fantástico equilíbrio e força nos antebraços, ombros e coxas. Ele se deita de costas com o joelho esquerdo dobrado, o pé no chão; a perna direita permanece esticada. Ela se deita sobre ele, de costas, com as mãos no chão dos lados do pescoço dele, a perna direita entre as pernas dele e o pé esquerdo no chão. A perna esquerda dela ergue-se ligeiramente, com o joelho dobrado. Então, ela faz força com as mãos, endireitando os braços, enquanto ele empurra as nádegas dela para cima de forma que elas fiquem sobre a pélvis dele; a mulher se apoia apenas nas mãos e no pé esquerdo. A perna direita flexionada da mulher deve estar paralela com a perna direita dobrada do homem. Na posição final, ambos os corpos estarão praticamente simétricos.

Fique elástico
massagem

Um método mais delicado e gentil do que o alongamento para conseguir a elasticidade é a massagem, usada pelos maiores atletas do mundo. A saudável massagem que se segue põe em foco os membros e músculos da cintura, considerando que são eles que fazem a maior parte do trabalho durante o sexo. A vantagem adicional de uma massagem saudável é que, se for feita com um amante, pode obviamente ser transformada em algo muito mais erótico (para mais detalhes sobre a massagem sensual, veja as pp. 98-99).

braços e pernas

Dois movimentos principais de massagem cobrem adequadamente os membros de seu parceiro e atingem a musculatura que está sob a superfície. O primeiro é uma técnica de puxar com uma mão sobre a outra; todos os dedos, principalmente o polegar, aplicam-se em movimentos de puxada ao longo dos membros em direção ao corpo. Use primeiro uma mão, em seguida a outra, em pequenos e repetitivos puxões, no braço ou na perna. Faça em seguida um anel com as duas mãos em torno do membro de seu parceiro e, formando uma espécie de bracelete, empurre esse anel em direção ao corpo. Você perceberá que está movendo todo o tecido sob suas mãos e soltando-o – algo que se faria em uma massagem linfática.

movimento muscular

O amassamento com os polegares é um movimento antigo e simples de massagem, que permite esquadrinhar o outro profundamente, mas com delicadeza. Posicione os polegares em uma região que tenha músculos e, se não conseguir encontrar o músculo, aperte bem. Se tiver medo de ferir seu parceiro, peça que ele lhe diga o que está sentindo. Ao encontrar um músculo, basta mover o tecido sob os polegares, diretamente sobre o músculo, em movimento circular. Algumas pessoas acham eficaz usar também os outros dedos da mão.

quadris e cintura

Usando a técnica acima, trabalhe desde a lateral da cintura até o alto do bumbum, tentando relaxar os músculos tensos que sustentam a parte de baixo da espinha (ver à esquerda). Depois de massagear cuidadosamente a cintura e a parte superior das nádegas, sente-se ao lado de seu parceiro e incline-se sobre ele, colocando ambas as mãos do outro lado de sua cintura (ver à direita). Puxe ligeiramente o parceiro em sua direção com uma das mãos, depois tire a mão. Assim que o corpo dele voltar à posição de repouso, puxe com a outra mão e solte. Em seguida, volte à primeira mão, em um movimento contínuo de balanço. Passe as mãos pelos lados do corpo (do lado do bumbum) e volte à cintura.

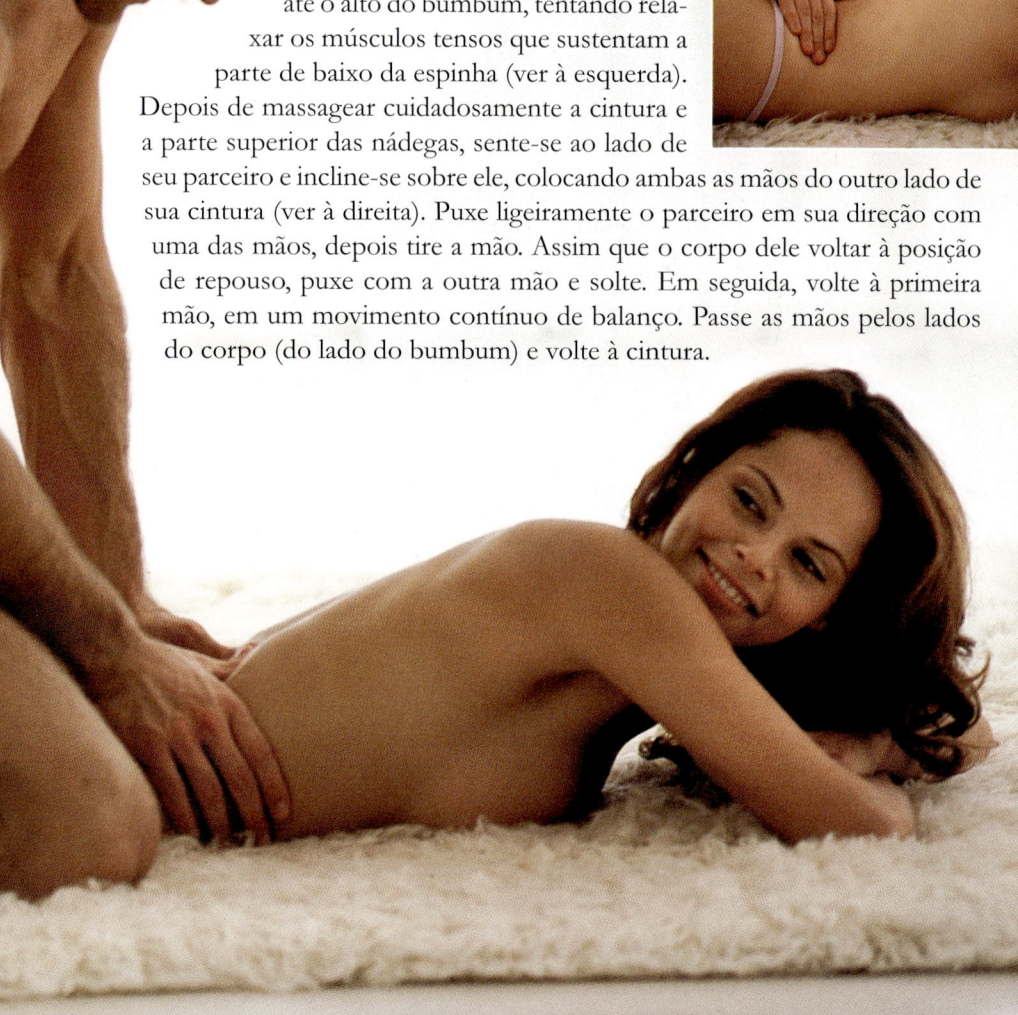

Fique elástico
alongamentos

Se você já fez amor com alguém que parecia incapaz de se curvar, cujos movimentos eram tão duros que você tinha vontade de chorar, vai entender o quanto é desejável ser mais elástico. A flexibilidade é o grande objetivo das bailarinas e artistas de circo. Ela permite realizar incríveis atos de beleza e atletismo sem causar ferimentos. E, como uma bailarina sabe que pode contar com um corpo solto e flexível, ela realiza suas atividades rotineiras com um tipo de confiança fluida. É essa a mesma confiança de um bom amante. Eis alguns exercícios para deixar você elástico e aumentar sua confiança.

alongamento da nádega e da coxa

Deitado de costas, respire fundo e, ao expirar, pegue o joelho direito com ambas as mãos e, dobrando-o, puxe a perna em direção ao peito, o mais próximo que puder. Mantenha esse alongamento por um minuto. Você sentirá que os músculos tensos das nádegas e atrás da coxa doem um pouco. Na próxima expiração, deixe que a perna direita volte ao chão, mantendo os músculos abdominais contraídos. Respire fundo de novo e, na expiração, repita o exercício com a perna esquerda. Depois de se acostumar, repita com uma perna depois da outra, alternando os joelhos.

alongamento da parte de cima da coxa

Apoie-se com uma mão no espaldar de uma cadeira, fique reto e estique a outra mão para trás, flexionando os joelhos. Erga o pé do mesmo lado da mão que estiver abaixada. Segure o calcanhar e leve-o tão perto da parte superior da coxa quanto lhe permitirem seus músculos endurecidos. Certifique-se de que o joelho dobrado esteja ao lado do joelho esticado, de forma que, visto de frente, você esteja em postura reta. Deixe os joelhos juntos. Repita o alongamento com a outra perna.

Fique elástico — alongamentos

alongamento do interior da coxa

Sente-se em uma cadeira reta, com as pernas tão abertas quanto lhe for confortável. Coloque as mãos no lado de dentro das coxas e separe ainda mais as pernas. Sinta os músculos internos da coxa se alongarem com esse movimento. O segredo é fazer este exercício devagar. Uma pressão súbita pode resultar em ferimento.

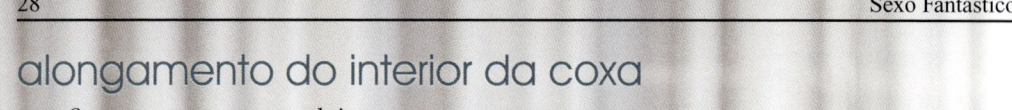

o *plié*

A abertura dos músculos internos das coxas é essencial para o intercurso tradicional. O *plié* capacita você a "virar para fora" seus músculos pélvicos tanto quanto possível. Fique ao lado de um espelho, com um braço sobre o espaldar de uma cadeira. Equilibre-se no braço de apoio e separe os pés mais ou menos uns 25 centímetros, com os dedos virados para fora. Flexione os joelhos e abaixe o corpo até onde seus joelhos aguentarem. Você sentirá uma tendência a se inclinar para a frente; resista a ela. Olhe no espelho enquanto se abaixa, cuidando para que seu torso e sua cabeça permaneçam retos.

contra a parede

Encontre uma parede vazia e encoste bem seu bumbum nela. Então, com as pernas para cima e encostadas na parede, deixe que a gravidade as separe, deixando-as descer até onde seja confortável. Meu antigo treinador de circo me dava uma revista para ler e dizia "fique aí por 15 minutos, menina". Eu achava que não aguentaria nem dois, mas apesar da agonia, conseguia. Os músculos internos das coxas se acostumam, permitindo que as pernas se separem. Depois de 15 minutos, minha abertura estava consideravelmente maior. A revista também era boa.

alongando os quadris

Este exercício permite desenvolver o controle e a força dos braços e dos ombros, além do equilíbrio e do alongamento da junta do quadril. Apoie o corpo nas mãos, com as pernas esticadas para trás. Respire fundo e, ao expirar, erga vagarosamente uma perna. Não mova os quadris nem arqueie as costas. Respire fundo novamente e, ao expirar, baixe devagar a perna. Repita com a outra perna. Faça cinco vezes com cada perna, cuidando para que seu corpo não "afunde" no meio.

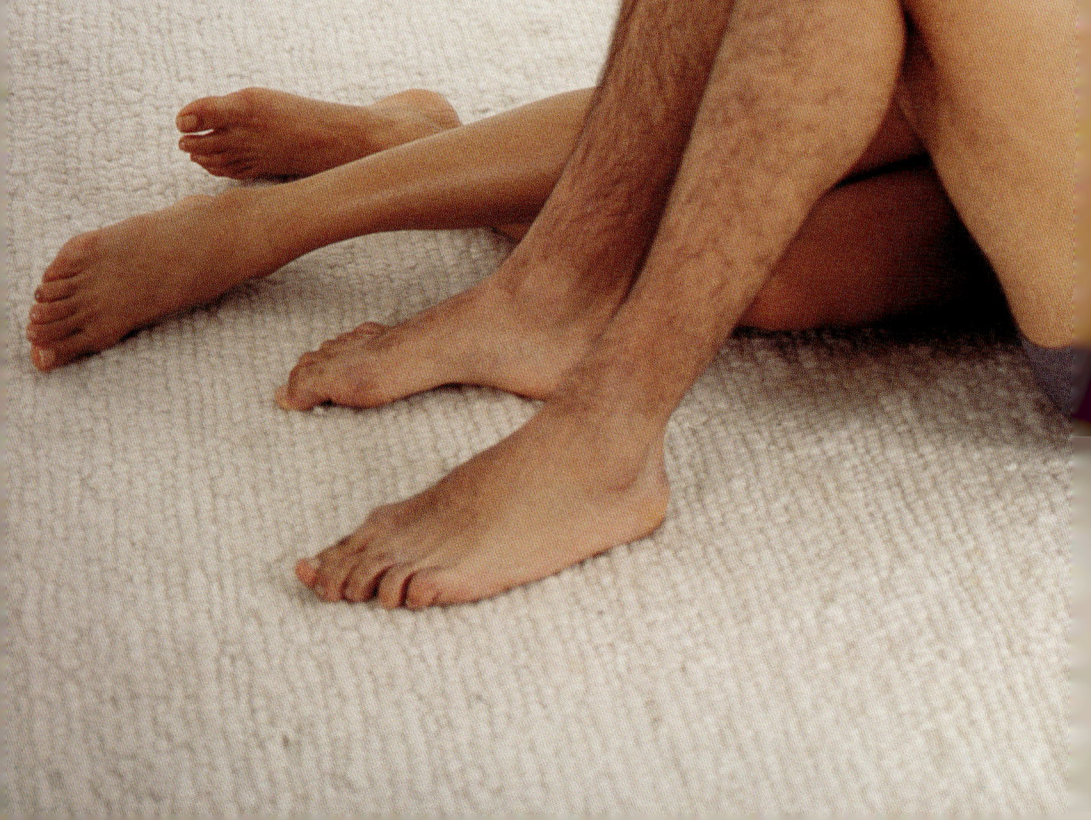

exercícios para dedos flexíveis

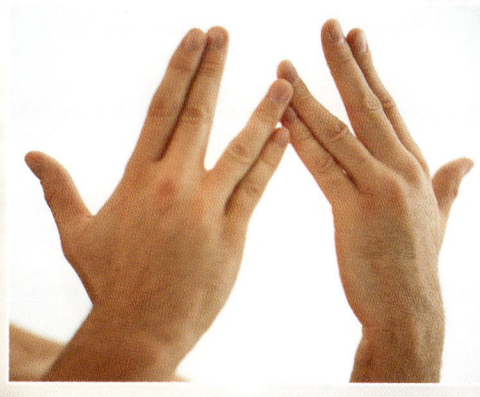

O parceiro com dedos mágicos é um grande amante. Em pé, ponha as mãos diante de si, com as palmas para baixo, cotovelos ligeiramente flexionados. Ignorando o polegar, separe os primeiros dois dedos dos outros dois, criando um espaço. Volte ao normal. Repita 10 vezes. Depois, mantendo juntos os três dedos do meio, separe o polegar e o mindinho, esticando-os bem. Repita 10 vezes.

flexibilidade extra nas coxas

Se suas coxas aguentarem o tranco, você poderá fazer amor por mais tempo. Deite-se de costas com os joelhos dobrados e a cabeça apoiada em um pequeno travesseiro. Ponha uma bola de Pilates entre os joelhos e aperte-a, depois relaxe, com cuidado para não deixar a bola cair. Repita 20 vezes.

Fique elástico
estabilidade

Se você já foi curioso o bastante para tocar uma cobra, sabe que o corpo dela é duro, cheio de músculos tensos que lhe permitem ondular pelo chão em velocidades (às vezes) assustadoras. Homens e mulheres com frequência se movem com um ritmo ondulatório, contorcendo-se delicadamente sobre ou sob o parceiro. Quer dizer, fazem isso se estiverem em uma forma física razoavelmente boa. Um professor de Pilates diria que, se você quiser se mover com força controlada na cama, vai precisar do alicerce da disciplina do Pilates — o centro de estabilidade.

O centro de estabilidade nasce de um controle soberbo dos músculos abdominais. A maior parte dos primeiros exercícios do Pilates concentra-se em firmar esses músculos, de modo que o meio de seu corpo se mantenha completamente parado e equilibrado, mesmo que seus braços, pernas e torso estiverem passando pelas mais complicadas contorções. Assim, para os que querem sentir que têm total controle sobre qualquer movimento exigido pelo intercurso sexual, eis dois exercícios básicos que permitem desenvolver o centro de estabilidade.

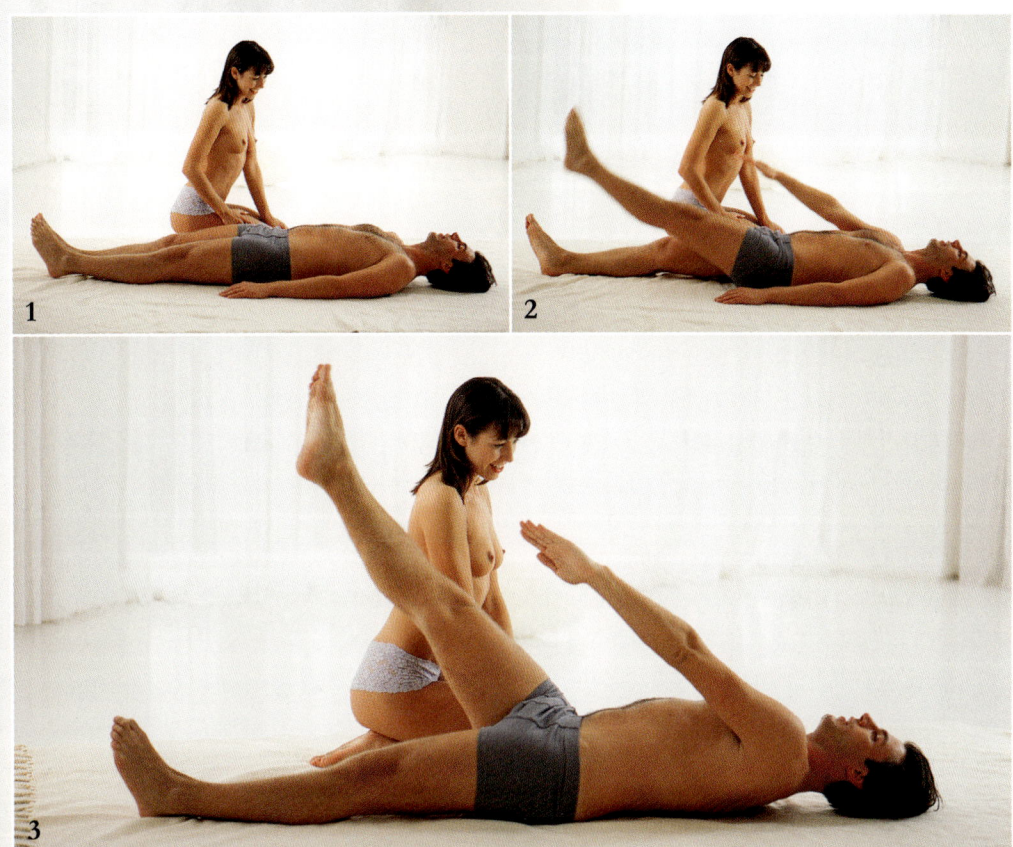

elevação dos membros

Deite-se de costas com as pernas esticadas e os braços ao lado do corpo (1). Respire fundo. Ao expirar, contraia os músculos abdominais enquanto, ao mesmo tempo, ergue o braço direito, o ombro direito e a perna esquerda (2). Ao inspirar, abaixe os membros. Repita o exercício várias vezes e depois faça do outro lado (3). Fique de olho no meio de seu corpo. Ao erguer os membros, os músculos do abdômen devem permanecer esticados e contraídos. Você perceberá que a firmeza do abdômen permite realizar a elevação com facilidade.

esmagamento do estômago

Deite-se de costas com os joelhos dobrados e as mãos cruzadas atrás da cabeça, com os ombros para os lados. Respire fundo; ao expirar, contraia os músculos abdominais, baixando um pouco o queixo ao mesmo tempo e erguendo os braços e a cabeça. A cabeça e os braços estarão, então, erguidos, mas os ombros ainda continuarão no chão. Seu abdômen deve permanecer baixo e contraído. Respire fundo e deixe que a cabeça e os braços voltem pouco a pouco ao chão. Repita a sequência 10 vezes.

Ginástica do prazer

Alguns casais gostam de fazer tudo juntos, e a ginástica é um dos principais itens da lista de atividades compartilhadas. Se vocês se exercitam juntos, tentem fazer ao menos parte da sessão nus. Sem roupas, fica mais fácil ver quais partes de seu corpo são flexíveis e elásticas e quais são atrofiadas e pouco flexíveis. Existe, porém, um aspecto mais profundo no exercício a dois, que é a questão da confiança. Se você depende de seu amante para segurá-la e não a largar, precisa ter fé na capacidade dele de dar carinho, para não falar de sua força. Nesta página e nas próximas, há alguns exercícios para fazer juntos. Muitos deles podem ser adaptados para se realizar sozinho.

soltando o cinturão pélvico

É preciso ter música para dançar com um ritmo marcado. O homem fica por trás da parceira com as mãos nos quadris dela. Ela começa a rebolar os quadris conforme a música, como se estivesse dançando *hula-hula*, e ele auxilia o movimento mexendo os quadris dela com as mãos. Assim que ela tiver pegado o ritmo, ele chega mais perto e acompanha o rebolado, de forma que o casal se mova em uníssono.

arqueamento das costas

Muitas pessoas consideram que este exercício alivia dores nas costas, mas se você tiver muitas preocupações com sua coluna, é melhor passar para outro ou fazê-lo com muito cuidado. Apoie-se em suas mãos e joelhos com o peso distribuído de forma equilibrada, com as mãos na direção dos ombros, os dedos para a frente e os joelhos ligeiramente separados. Olhe para baixo; a cabeça deverá estar alinhada com a coluna. Respire fundo e, ao expirar, contraia os músculos abdominais em direção à espinha, ao mesmo tempo arqueando as costas, mais ou menos como um gato bravo. Mantenha por 10 segundos e relaxe.

enrolando

Este simples exercício de Pilates acaba com a rigidez nas costas. Fique ao lado de um espelho. Respire fundo. Ao expirar, contraia os músculos abdominais e, muito lentamente, permita que a cabeça se curve para a frente e para baixo, de modo que sua espinha se dobre muito gradualmente e os braços vão em direção ao chão. Tente imaginar sua espinha realmente se desenrolando, cada vértebra se soltando e movendo-se para a frente. Seu abdômen permanece o mais reto possível, até que você se incline pelos quadris. Algumas pessoas conseguem tocar o chão e mesmo apoiar nele a mão toda, mas isso não é necessário. O verdadeiro objetivo do exercício é ter a sensação de enrolar e desenrolar a espinha.

giro espinal

Este é um ótimo alongamento para os músculos do abdômen e da cintura. Deite-se de costas com os joelhos dobrados para cima e os pés no chão. Com os braços estendidos para os lados (e a cabeça apoiada em um travesseiro), inspire. Ao expirar, deixe que os joelhos caiam vagarosamente para um lado, enquanto sua cabeça se vira para o lado oposto. Respire fundo de novo e, na próxima inspiração, deixe que seus fortes músculos abdominais "puxem" novamente suas pernas para cima até a posição inicial, enquanto sua cabeça também volta. Repita do outro lado. Faça o exercício inteiro várias vezes.

alongamento do leão

Este é um alongamento divertido para fazer a dois. Comecem deitando-se de barriga, um de frente para o outro, e em seguida ergam-se devagar, apoiados nos braços. Se conseguirem, estiquem bem os braços, para que os cotovelos travem. Mantenham os quadris encostados no chão. Vocês devem sentir o alongamento na parte de baixo das costas e na frente do abdômen. Variem o alongamento abrindo bem a boca e esticando a língua; isso tonifica os músculos faciais e, provavelmente, fará seu parceiro rir.

Orgulho
do corpo

Clare Rayner, uma britânica que tem uma coluna de aconselhamento e é famosa tanto por sua grande personalidade quanto por sua ótima forma física, tem uma historinha famosa. Ela descreve como encontrou algumas antigas fotografias dela mesma na década de 1920 e percebeu, um pouco tarde, o quanto era bonita na época. Ela também se lembrava bem, lamentavelmente, que quando era jovem se sentia péssima a respeito de sua aparência, sempre pensando que era gorda e pouco atraente. A história de Clare sempre me pareceu um conto moral — a velha história de amar a si mesmo. A guru do sexo de Nova York, Betty Dodson, conta a história de como, quando era adolescente, achava seus genitais em desenvolvimento feíssimos, uma opinião encorajada pela atmosfera de segredo que rodeava o sexo nos Estados Unidos nos anos de 1940. Foi apenas por volta dos 60 anos que Betty começou a apreciar a beleza de seus genitais. Espero que você se sinta melhor a respeito de sua aparência depois de ler este livro; eis alguns exercícios que ajudarão nessa missão.

"A mensagem deste livro é atingir uma forma saudável, seja ela grande ou pequena, mas se sentir em forma e estar bem com ela. Quanto melhor os homens e as mulheres se sentem a respeito de seus corpos, melhor se sentirão a respeito de sexo."

exercício do espelho

Fique nua diante de um espelho de corpo inteiro e diga a si mesma, primeiro, o que você gosta em seu corpo e, em seguida, o que adora em seus genitais. NÃO se prenda àquilo de que não gosta — este é um exercício de positividade.

exercício do parceiro

Fique nua com seu parceiro e digam o que vocês gostam um no outro. Não são permitidas críticas ou depreciações, apenas declarações positivas e de admiração. É impressionante o quanto a gente se sente bem depois de uma apreciação desse tipo, mesmo que o exercício possa parecer um tanto artificial.

Fique em forma
com sexo

Acredito, de coração, que o sexo deve ser feito porque amamos e estamos profundamente atraídos por um parceiro, não apenas por razões mundanas como manter o corpo malhado. Mas a atividade sexual vigorosa, sem dúvida, conta como atividade aeróbica, desde que dure tempo suficiente. Diferentes tipos de atividade sexual reforçam diversos grupos de músculos, expandem os pulmões e oxigenam o corpo. Em outras palavras, o sexo pode ser fisicamente bom, além de oferecer aquele benefício bem conhecido do prazer sensorial.

Nas páginas que seguem esbocei algumas das posições sexuais mais atléticas, para serem experimentadas devagar, com cuidado — e sensualmente! Começaremos com as posições mais atléticas para ela antes de passar às posições "missionárias" mais comuns (estas estão nas pp. 48-53).

mulher por cima

Qualquer mulher que já tenha ficado por cima de seu homem para lhe proporcionar uma experiência muito rápida e vigorosa pode confirmar que essa posição é extremamente estimulante, mas também muito cansativa. A vantagem de a mulher ficar por cima é que ela tem a opção de variar de posição. Pode preferir se mexer com o corpo colado ao do parceiro ou ficar com as costas retas. Pode se concentrar nas sensações dele ou usar os movimentos para satisfazer a si mesma. A posição também permite que a mulher diminua o ritmo do ato amoroso ao sentir que o parceiro está chegando perigosamente perto do "ponto sem retorno" antes que ela esteja pronta.

Fique em forma com sexo

mulher por cima com penetração por trás

Esta posição pode ser surpreendentemente sensual, já que os movimentos do intercurso serão sentidos por toda a região do bumbum dela. Para o homem, ela contém o elemento surpresa, simplesmente porque é uma posição bem incomum para fazer amor. Nessa posição, o homem deita de costas e a mulher se senta por cima, de frente para os pés dele. Ela guia o pênis ereto para penetrá-la e se inclina para trás, apoiando-se nos braços. Os movimentos formam uma versão sexual da postura da ponte (ver p. 23). A posição exige muita delicadeza, flexibilidade nos quadris e força nos braços. Se os músculos das costas acabarem se cansando, a mulher pode sentar-se com a coluna reta e, equilibrando-se com os pés, inclinar-se levemente para trás para facilitar o movimento.

postura do elefante do *kama sutra*

Nesta posição de penetração por trás, a mulher se deita de barriga, com as pernas ligeiramente abertas. O homem se ajoelha entre as pernas dela e a penetra por trás, inclinando-se sobre o corpo dela, apoiado nos braços. Embora a pélvis dele fique encostada nas nádegas dela, os músculos abdominais centrais e os flexores dos quadris são trabalhados.

Esta variação da postura do elefante (à direita) é menos atlética, porém mais íntima, para fazer amor. O homem se apoia nos cotovelos e antebraços e todo o seu tronco fica em contato com a parceira.

posições combinadas

Entre as posturas mais atléticas para o sexo, estão as posições em pé. Em geral, o homem fica com as costas apoiadas em uma superfície firme, enquanto a mulher se inclina em direção a ele. Ele suspende um pouco a parceira e a movimenta para a frente e para trás, em um balanço prazeroso. Por mais exaustiva que possa ser, uma posição como o Coito Suspenso (página ao lado) deve ser seguida pela posição abaixo, muito mais branda, que permite um ato amoroso mais prolongado.

encaixe lateral

Talvez como antídoto para o Coito Suspenso, esta posição sexual é menos exigente e tensa. Permite que um casal demonstre sua emoção amorosa e lhe dá um contato frontal fácil para se beijar e murmurar palavras de amor. Também permite que use os movimentos dos quadris e bumbum, fortalecendo os músculos das nádegas e da parte superior das coxas. O ato amoroso costuma ser mais fácil se o casal se revezar para fazer os movimentos.

o coito suspenso

A mais desafiadora posição sexual em pé é esta pose do *Kama Sutra* que imita os extraordinários relevos eróticos vistos em paredes de antigos templos indianos. O homem se apoia em uma parede, a mulher põe os braços em torno do pescoço dele e ele a ergue pelas coxas ou por sob as nádegas. Ele se move, então, para a frente e para trás. Ela o enlaça pelos quadris com os joelhos e empurra a parede quando apropriado. A posição encoraja o desenvolvimento dos músculos dos braços e ombros dela, além dos músculos realmente tensos do quadril. Também trabalha os braços e a força abdominal dele.

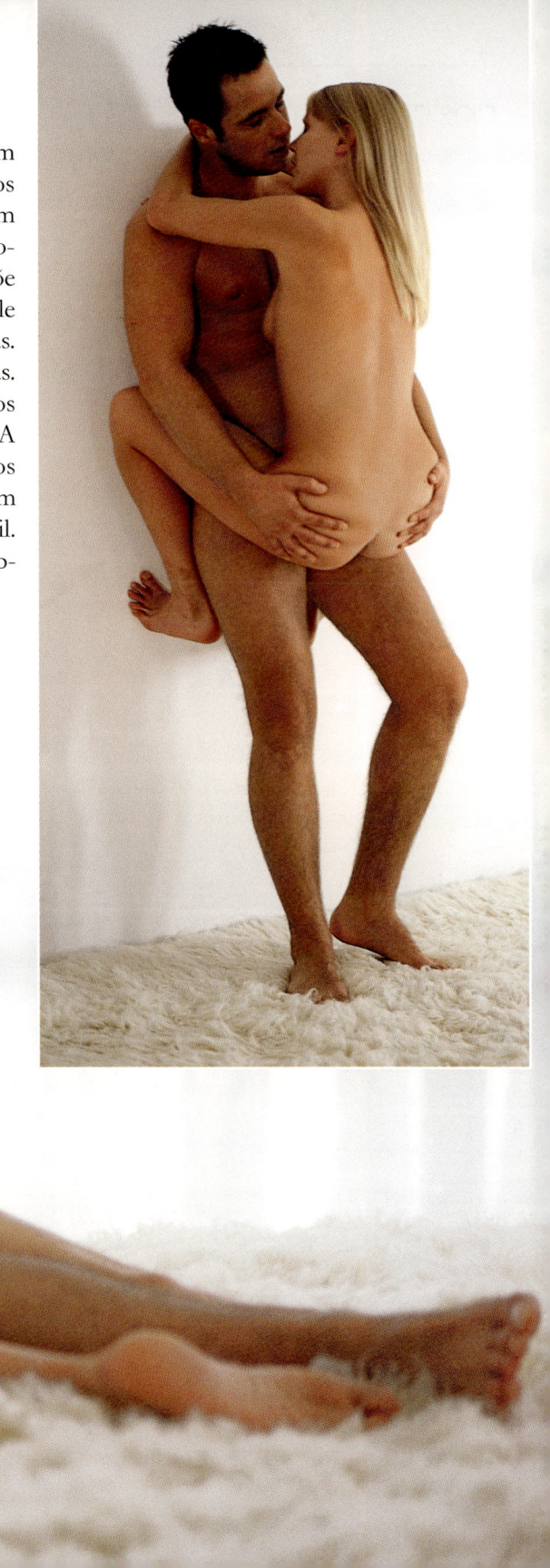

a massagem a três mãos

Como recompensa pelo exercício anterior, a massagem a três mãos é perfeita. Em um nível, é uma continuação da ginástica aeróbica; em outro, é uma experiência sensorial única. A massagem pode ser feita pelo homem ou pela mulher, mas quando um dos parceiros é substancialmente mais pesado que o outro, é preciso ter cuidado ao sentar-se a cavalo sobre o companheiro.

1. Comecem com um dos parceiros deitado de costas; o corpo dele deve ser untado com bastante óleo, especialmente em torno dos quadris, pélvis e genitais. O outro senta-se então sobre a barriga dele. Comece massageando o peito, braços e ombros, então se incline para trás para massagear tanto quanto conseguir das coxas e pernas. Parte da massagem dos braços e pernas vistos anteriormente (ver pp. 24-25) pode ser incluída aqui. Use bastante óleo de massagem para que o corpo do amante fique escorregadio. E lembre-se de escorregar seu corpo pela barriga dele enquanto faz a massagem. Deve haver óleo suficiente para permitir isso.

2. Depois de massagear por uns 15 minutos com a coluna reta, incline-se para a frente e permita que seu peito massageie um pouco, sem deixar de massagear os ombros do parceiro com as mãos. Se ele tiver um peito cabeludo, será bom passar mais óleo ali para evitar puxões doloridos. Depois de algum tempo, permita que seus genitais escorreguem lenta e delicadamente sobre os de seu parceiro e deixe-os massagear também, enquanto suas mãos trabalham em outro lugar.

Fique em forma com sexo

3. Façam as coisas com vagar e, quando a excitação for suficiente, permitam-se delicadamente passar ao intercurso, movendo-se lenta e suavemente como se continuassem a massagem. O objetivo principal é massagear por dentro (ou em volta) dos genitais de seu parceiro, enquanto massageia também o resto do corpo. O processo é gradual e sutil; a massagem ganha uma dimensão extra e os genitais são como uma terceira mão oferecendo-se para auxiliar as outras duas em seu dom sensual.

o melhor missionário

Hoje em dia todo mundo já sabe que a Posição do Missionário (conhecida popularmente também como papai-e-mamãe) ganhou esse nome graças à performance de um casal de catequistas que foi espiado pelos nativos quando estavam gozando o prazer que Deus lhes dera. Os nativos, provavelmente mais atléticos que os europeus, ficaram interessados e se divertiram com a posição que os ministros normalmente adotavam com suas esposas, com o homem por cima. Esse, pelo menos, é o mito.

Embora algumas pessoas riam dessa posição básica com o homem por cima, há muitos mais dentre nós que a valorizam. Afinal de contas, sabe-se que ela nos permite ter profunda satisfação. E não é por acaso que tantos de nós fazem amor desse jeito naturalmente. Além dos aspectos físicos puramente práticos (o homem em geral é mais forte que a mulher, e por isso aguenta melhor sustentar o próprio peso nos braços e pernas enquanto se move), a união face a face possibilita a troca de beijos e a visão do prazer do parceiro. O Missionário permite desenvolver sentimentos de amor e intimidade, muito além da atividade sexual. E o sucesso dessa posição é tanto que existem muitas variações sobre ela, permitindo ao homem penetrar mais profundamente ou à mulher colocar o clitóris em uma posição mais alta. Nas próximas páginas, esboço alguns exercícios que fazem essas variações ser ainda melhores.

missionário clássico

O Missionário é uma posição com o homem por cima, na qual ele se deita entre as pernas abertas da mulher (ligeiramente erguidas). Sustentando seu peso nas mãos e cotovelos, ele a penetra. Acrescentem-se a isso beijos e carícias e temos uma posição muito saborosa.

missionário profundo

Uma variante que altera a sensação tanto para o homem quanto para a mulher é a Posição Profunda do Missionário. Nela, a mulher, movendo os pés, muda sutilmente a experiência sexual.

1. A mulher pode começar a variação erguendo uma das pernas e repousando-a sobre o braço do homem. Ele consegue imediatamente penetrar um pouco mais fundo e ela sente que se abre e se carrega de energia erótica.

2. Depois, ela pode erguer mais a mesma perna para apoiá-la no ombro de seu amante, alterando o ângulo de penetração. Desse modo, ele pode ir mais fundo e ela sente seus genitais agradavelmente esticados.

3. Finalmente, ela ergue bem as duas pernas e as apoia nos ombros do parceiro. Isso proporciona ao homem uma penetração realmente profunda, embora talvez não faça muita diferença para ela.

levantamento de perna do missionário

Este exercício para as pernas pode ser feito pela mulher para facilitar o Missionário Profundo. Deite-se de costas com os braços ao lado do corpo. Respire fundo. Ao expirar, erga as duas pernas juntas, com os joelhos dobrados, formando um ângulo reto. Não esqueça de contrair os músculos abdominais. Mantenha esse ângulo reto por 10 segundos. Então, respire fundo novamente e abaixe vagarosamente as pernas na expiração seguinte. Não permita que os músculos abdominais estremeçam demais!

missionário melhor

Uma das queixas a respeito da Posição do Missionário é que a maior parte da ação é feita pelo homem. Se você for mulher, isso pode ser frustrante — apesar da sensação inegavelmente boa de um intercurso face a face. Mas há algumas variações, além de erguer as pernas, que podem mudar substancialmente os movimentos básicos desta posição.

exercício do feixe

Para ajudá-la com a posição da direita, há um movimento clássico do Pilates normalmente usado para aliviar dores e desconfortos no corpo após o exercício. Você se deita de costas, ergue as pernas, com os joelhos dobrados e os envolve por fora com os braços, erguendo a cabeça levemente ao mesmo tempo. Mantenha a posição por alguns segundos e relaxe. Repita cinco vezes. O exercício abre as vértebras e alonga as costas.

vá ao encontro dele

Com os pés no chão e os joelhos dobrados, a mulher ergue a pélvis e dessa forma faz uma parte do movimento para cima enquanto ele se movimenta para baixo. Essa posição é difícil de manter com os quadris erguidos; por isso, para que o movimento seja realmente satisfatório, pratique o controle do centro de estabilidade (ver pp. 22-23). Um abdômen forte e músculos das costas em forma também são fundamentais aqui (ver exercícios específicos nas pp. 32-33).

envolva-o

Nesta variação, a mulher passa as pernas em volta da cintura do amante, sem erguer o traseiro. Dessa forma, ela abre mais a pélvis, trabalhando ao mesmo tempo os músculos das coxas.

"O Missionário nos ajuda a desenvolver sentimentos de amor e intimidade muito além da atividade sexual."

posição do feixe

Nesta posição do *Kama Sutra*, conhecida como Esposa de Indra, a mulher junta os braços e as pernas, literalmente, em uma espécie de feixe, que o homem prende com seus braços enquanto a penetra. Para a mulher, essa posição não é particularmente orgásmica, mas o afluxo de sangue que vem por comprimir todos esses músculos com alguma pressão é excitante e dura um tempinho depois.

posição giratória

A Posição Giratória do *Kama Sutra* sempre foi uma das mais difíceis de fazer. Consiste no homem fazer um círculo completo sobre a parceira durante o intercurso, sem perder a penetração nenhuma vez. Para conseguir esse efeito sem perder o contato genital, o homem precisa ter braços e coxas fortes, capazes de sustentar seu peso enquanto ele gira. A propósito, os papéis nessa posição podem se inverter facilmente, com a mulher sentada sobre o pênis do homem. Durante o ato amoroso, variar a posição desse jeito pode aumentar a sensação de proximidade. Conforme o homem se move na posição giratória, a parceira pode demonstrar sua ternura abraçando ou acariciando suas costas, ombros e lados. Outro movimento é erguer um pouco uma das pernas e mantê-la firme enquanto ela passa pelo corpo do parceiro. Nesse caso, o controle muscular precisa ser bom. Para conseguir fazer isso, pratique a elevação da perna.

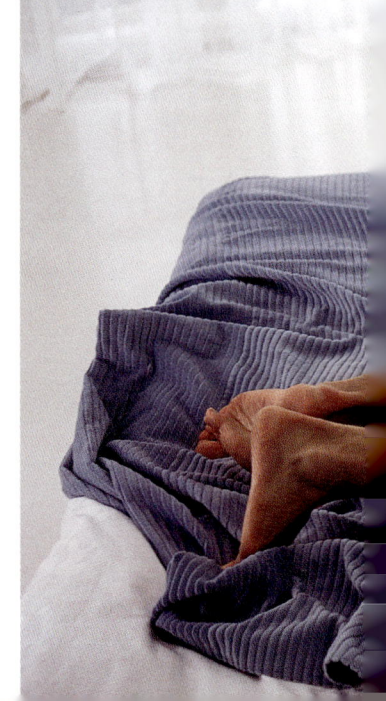

Fique em forma com sexo 55

Resistência
sexual

Ao experimentar algumas posições sexuais, você testou de que você e seu corpo são capazes. Você já deve ter uma boa ideia daquilo que consegue fazer com facilidade e quando precisa se esforçar um pouquinho mais para seguir em frente. Esse pouquinho a mais é chamado resistência e, com frequência, torna o sexo mais prazeroso. Por quê? Porque a sensação sexual mais intensa acontece ao longo de um grande processo de excitação e tensão sexual, que ocorre com o estímulo mútuo dos parceiros por todos os meios imagináveis. E para isso vocês precisam conseguir fazer o ato amoroso durar bastante.

o apertão

Quando o homem estiver prestes a atingir o "ponto sem volta", aperte firmemente a cabeça do pênis, logo abaixo da crista coronal, entre o indicador e o polegar. Isso pode ser feito por qualquer um dos parceiros. Depois disso, a ereção normalmente diminui um pouco. Isso é ótimo, já que desse modo a mulher ganha um tempo para "correr atrás" do homem.

treinamento de estimulação

Este é um treinamento útil para homens que acham muito difícil fazer sexo durante bastante tempo. A rotina é a seguinte:
• Masturbe-se com a mão seca até que consiga aguentar fazer isso por 10 minutos sem ejacular. Se necessário, use o "apertão" (ver página anterior) para evitar chegar ao clímax rápido demais.
• Masturbe-se com a mão úmida até conseguir aguentar sem ejacular por 10 minutos.
• Peça para que sua parceira o masturbe com a mão seca até que você aguente por 10 minutos.
• Peça para que sua parceira o masturbe com a mão úmida até que você aguente por 10 minutos.
• Agora você está pronto para tentar o intercurso. Use o "apertão", se necessário.

Muitos homens jovens precisam desse tipo de treinamento para aprender a retardar suas respostas mentais, assim como as respostas físicas.

a manobra de beautrais

A Manobra de Beautrais foi inventada pelo neozelandês Pierre Beautrais e é normalmente aplicada pelo homem a si mesmo durante o ato amoroso. Nesse movimento, ele passa a mão por trás do corpo e puxa com força os testículos para baixo. Quando feita corretamente, essa prática pode bloquear os canais penianos e evitar a ejaculação. Obviamente, é bom praticar a Manobra sozinho antes de usá-la.

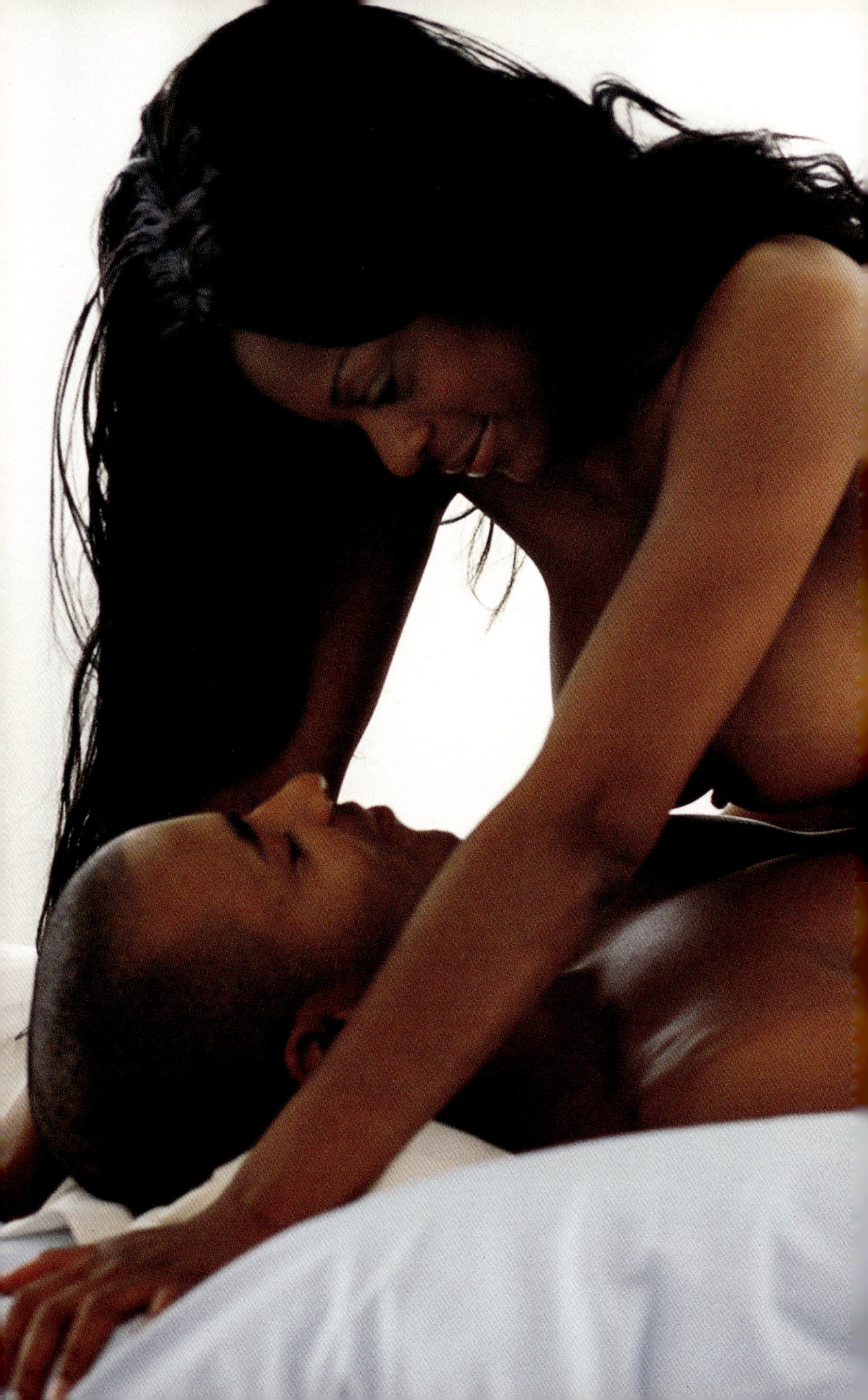

PARTE TRÊS

Comida e sexo

PARA MANTER UM CORPO FLEXÍVEL, pronto para o sexo, é preciso prestar atenção nos dois principais aspectos da manutenção do corpo. O primeiro é o movimento e exercício adequados; o segundo, igualmente importante, é uma dieta saudável. Isso não significa, necessariamente, que você precise perder peso, mas que tem de estar consciente de como o tamanho e a forma do corpo afetam suas opções no que toca à mobilidade. Nas próximas páginas, descrevo o tipo de alimento que ajuda a ter uma boa saúde sexual, dotando você de energia e vitalidade suficientes para poder passar ao plano definitivo da manutenção do corpo — o próprio Plano de 28 Dias.

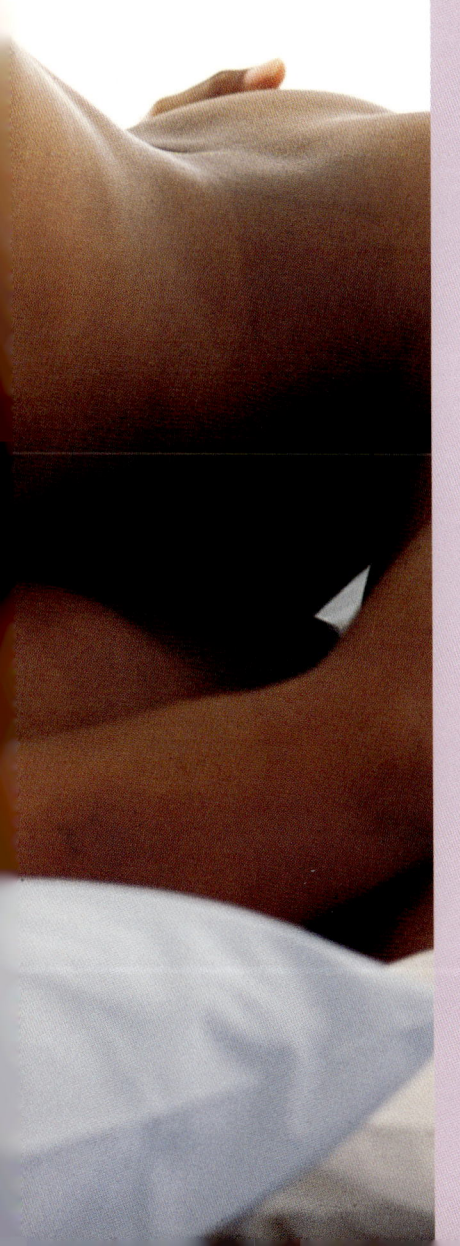

O piquenique sensual

Alimentos podem ser sugestivos. Eles põem ideias em sua cabeça. Fazem isso com a aparência, a textura, com a sensação e o sabor que nos transmitem ao escorregar por nossas gargantas. Os gurus do sexo sempre souberam disso. Eis algumas ideias suculentas para um ato amoroso divertido.

o festim visual

Arrume um grande prato de frutas exóticas preparadas com apuro, exoticamente, suculentas e coloridas. Ofereça-as a seu parceiro enquanto ele toma um perfumado banho de espuma e insista em colocá-las em sua boca enquanto o ensaboa com suas mãos. Enquanto ele está deitado de costas, sentindo o calor, o aroma e a maravilhosa aparência da fruta, leve uma taça de champanhe à boca dele, mas deixe que um pouco se derrame pelo corpo nu, escorregando pelo peito e caindo na água. Comida e bebida, neste caso, são parte de um quadro de provocação sensorial. Depois de enxugar seu parceiro com uma toalha felpuda e aquecida, ofereça-lhe uma massagem.

jantar secreto

Certifique-se de que o lugar de seu piquenique seja particular e definitivamente livre de curiosos. Encha o cesto de piquenique com alimentos crocantes ou de lamber, como aipo ou pirulitos. Tente levar algumas uvas congeladas (em uma caixa de isopor); coma primeiro uma uva, tome um gole de bebida quente e depois volte às uvas, alternando as sensações de quente e frio. Dividam o mesmo pedaço de melancia e deixem que suas bocas se encontrem no meio. Se quiser parecer sofisticado e generoso, sirva *blinis* (panquecas fininhas) com caviar e creme azedo. Coma da forma mais provocante que conseguir; torne seu piquenique sugestivo.

alimentos eróticos

Pêssegos têm gosto doce e refrescante, com uma aparência que sugere suculência. O rubor suave de um pêssego redondo se parece bastante com as faces macias de uma bela mulher. O pêssego tem altos níveis de vitamina A e C (ácido ascórbico) e potássio, ótimo para prevenção de resfriados e uma saúde exuberante.

Banana O formato fálico da banana certamente é, ao menos em parte, responsável por sua popularidade como afrodisíaco. Mas, de um ponto de vista científico, bananas oferecem uma fonte generosa de potássio e vitaminas do complexo B, ambos elementos vitais na produção de hormônios sexuais. A flor da bananeira também aparece em receitas das Filipinas como afrodisíaco.

comida rústica

Use um pincel para pintar as zonas erógenas de seu amante com *chantilly* e mel, e depois lamba tudo. Decore o corpo de seu parceiro com substâncias alimentícias, fotografe sua obra-prima e coma-a. Copiem as conhecidas propagandas de sorvete e troquem colheradas desse doce frio e cremoso, ambos nus. Deixe que de vez em quando um pedaço do sorvete escorregue pelo peito ou pélvis dele. O descuidado é então forçado a limpar o parceiro com a língua.

"Não esqueça: o bom sexo exige muita energia. Os alimentos crus contêm muito mais minerais e vitaminas do que os cozidos."

Chocolate Os astecas se referiam ao chocolate como "alimento dos deuses". O chocolate contém PEA (feniletilamina), que é também a substância química que naturalmente secretamos quando nos apaixonamos. É a substância que nos faz sentir a empolgação do amor e que nos faz ficar apaixonados. Contém também ingredientes naturais que fazem o cérebro liberar serotonina, um hormônio responsável pelas sensações de relaxamento e prazer. Como uma vantagem óbvia, o chocolate tem mais antioxidantes (substâncias que previnem o câncer) do que o vinho tinto. Chocolate com uma alta porcentagem de cacau é, portanto, um afrodisíaco mais efetivo, por isso prefira o chocolate amargo em vez de seus primos mais leves.

Caviar Os russos consideram o caviar afrodisíaco; ele realmente contém muitos minerais importantes e óleo ômega 3, que ajuda a regular a coagulação do sangue, a pressão sanguínea e aumenta a imunidade a doenças. A raridade, o preço e o valor de esnobismo talvez sejam mais excitantes do que as ovas em si.

Champanhe O vinho branco não é tão bom para você quanto a variedade tinto, mas o que se perde em saúde se ganha, com vantagem, no efeito afrodisíaco. O champanhe aumenta a excitação mais rápido que outras bebidas alcoólicas; as bolhas no vinho frisante fazem com que o álcool penetre mais rapidamente em nosso sistema. Lembre-se, porém, de que se você beber demais seu desempenho vai piorar. Você foi avisado!

Figos Considera-se que um figo aberto imita os órgãos sexuais femininos e, tradicionalmente, ele é tido como um estimulante sexual. Um homem que abre um figo e o come diante de sua amante está realizando um ato poderosamente erótico.

Pinhões O zinco é um mineral necessário para manter a potência masculina e os pinhões são ricos em zinco. Há registros de pinhões sendo usados para estimular a libido desde o período medieval.

Abacaxi Rico em vitamina C e usado no tratamento homeopático para impotência. Acrescente uma fatia a uma bebida doce com rum para um prelúdio saboroso a uma noite de paixão.

Amoras e morangos Alimentos perfeitos para dar na boca de seu amante. Eles convidam ao amor e são descritos na literatura erótica como "mamilos das frutas". Ambos são ricos em vitamina C e são uma sobremesa doce e leve.

Aspargo O aspargo é um alimento milagroso, tão cheio de propriedades medicinais que será mencionado em duas seções deste livro. Ele contém substâncias diuréticas, neutraliza a amônia (que nos faz ter a sensação de cansaço) e protege os vasos sanguíneos mais finos contra o rompimento. Em outras palavras: ele nos ajuda a permanecer magros, aumenta nossa energia e nos protege durante momentos de grande paixão. Com sua atrevida forma de lança, o aspargo é extremamente sugestivo e obviamente obteve sua reputação amorosa graças à sua aparência. Também contém boas quantidades de vitaminas A e C.

Aipo O aipo contém androsterona, um poderoso hormônio masculino que, acreditam os pesquisadores, é liberado pelo suor e atrai as mulheres. Rapazes, essa é uma ótima desculpa para ingerir sua cota diária de vegetais!

Baunilha O cérebro reconhece o aroma no hipotálamo, uma glândula que controla a memória e a emoção. Aromas agradáveis na comida — como as fragrâncias da baunilha — têm um poderoso efeito no desejo sexual.

Alimentos para aumentar a libido

O *Kama Sutra* enaltece muitos preparados com jeitão de venenosos que, supostamente, preveniriam a impotência. Os antigos egípcios apostavam suas fichas na flor do lótus azul. Uma recente análise nutricional do lótus descobriu que as raízes da planta de fato contêm substâncias análogas às do *ginseng* e que, por isso, pode ter contribuído (ao menos em uma pequena parte) para os níveis de energia sexual de Cleópatra!

Alimentos para aumentar a libido

Sua lista de compras para aumentar a libido hoje em dia poderia incluir certas sementes e grãos que contenham fitoestrogênios, bons para a saúde sexual da mulher e útil para diminuir os níveis de colesterol. Peça recomendações no empório de alimentos naturais. As sementes podem ser transformadas em pães e bolos para você continuar saudável e jovem mesmo bem depois dos 60 anos, graças a elas.

alimentos fabulosos

Aspargo Uma fonte ideal de fibras, o aspargo ajuda a regular as funções intestinais. Tem também vitaminas A, B1, B2 e C e minerais como o cálcio, o cobre e o fósforo, além de aminoácidos essenciais. O aspargo também tem propriedades diuréticas, sendo benéfico para as funções renais e um valioso ajudante em dietas. Retornamos ao conceito de que um amante saudável é alguém que tem um sistema digestivo saudável; o aspargo ajuda a fazer isso, eliminando os dejetos do sistema e deixando-nos magros e cheios de energia. Estudos recentes descobriram que o extrato de aspargo também exerce ação benéfica sobre o músculo cardíaco — e tem um leve efeito sedativo/relaxante, o que o torna um alimento ideal para acalmar nervos tensos.

Abacate Apesar da semelhança do abacate, quando cortado, com a genitália feminina, os astecas chamavam essa fruta de *Ahuacuatl*, cuja tradução é "árvore dos testículos", acreditando que essa fruta, que nasce na árvore em pares, tinha aparência semelhante a eles. O abacate é rico em vitamina E, uma substância que contribui para a maciez e a saúde de sua pele. É particularmente útil na cura de cicatrizes e, como é por meio da pele que temos as sensações táteis, é importante ter um suprimento regular de vitamina E. Comer abacate é um modo particularmente atraente de absorver essa vitamina.

Cardamomo As sementinhas pretas do cardamomo não apenas contêm dois andrógenos (hormônios que aumentam o desejo sexual nos homens) como também cineol, um composto que estimula o sistema nervoso central.

Gengibre Parente próximo do cardamomo, o gengibre é o Viagra do mundo natural. Descobri isso recentemente, muito depois de ter começado a colocar uma fatia

um legado do *kama sutra*

Uma antiga receita tinha o título *Como dormir com inúmeras mulheres*. O cozinheiro era aconselhado a amassar *shringataka* (não o regime de ioga!), jasmim e figo selvagem com alcaçuz, açúcar e leite. Cozinhe a mistura em fogo brando com manteiga clarificada (*ghee*) e divida-a em bolos. *Coma os bolos*, aconselha o autor do *Kama Sutra, e você dormirá com hordas de mulheres*. Os figos e alcaçuz provavelmente eram para purgar o corpo de dejetos, de forma que o homem em questão parecesse magro e em forma e, assim, devastadoramente atraente!

na minha água quente com limão matinal. É verdade que eu sentia uma energia calorosa, mas nunca havia feito a ligação. Felizmente, agora os cientistas a fizeram para mim!

Ginseng O *ginseng* é um "adaptógeno", termo usado pelos herbalistas para se referir a uma planta que ajuda o corpo a se adaptar ao estresse mental e físico (talvez afetando os níveis hormonais), estimulando o corpo quando está fatigado ou relaxando-o quando estressado. Acredita-se que a capacidade de o *ginseng* aliviar a fadiga tem a ver com a modulação do eixo hipotalâmico-pituitário-adrenal (HPA). Este pode induzir à secreção de hormônios adrenocorticotrópicos, que ajudam o corpo a suportar calor, frio, infecção e outras pressões físicas. Os compostos ativos no *ginseng* são substâncias chamadas "ginsenósidos". Há alguns casos em que se deve tomar *ginseng* com cuidado, ou não tomar, devido a uma possível redução do açúcar no sangue. Os que tomam medicamentos para o diabetes ou anticoagulantes devem evitar o *ginseng*, assim como mulheres grávidas e as com ciclos hormonais instáveis.

Aveia Não é por acaso que, desde a mais tenra infância, tenhamos o costume de incluir a aveia na refeição matinal. Aparentemente, o café da manhã tem mais coisas do que sonha nossa vã filosofia. O suposto afrodisíaco *avena sativa* é um extrato do caule da aveia. Conta-se que a *avena sativa* libera a testosterona retida tanto no homem quanto na mulher. A maioria dos efeitos positivos da testosterona, incluindo o desejo sexual, é atribuída à testosterona livre. Um excesso de testosterona retida diminui o desejo sexual. Experimente aveia em flocos como sobremesa, junto com algumas amoras doces, açúcar mascavo e leite.

Peixes gordos Peixes gordos, como salmão, atum, cação, enguia, arenque, cavala e sardinha, e muitos peixes brancos, incluindo solha e linguado, contêm fósforo, cálcio, vitaminas A, B e D e óleos ômega, que diminuem os níveis de colesterol e mantêm as artérias limpas. A excitação sexual depende de um bom suprimento de sangue. O envelhecimento pode causar o estreitamento das artérias e o fluxo sanguíneo pode ser bloqueado pelo entupimento arterial. Um fornecimento de sangue eficiente é diretamente responsável pelas sensações no pênis e na vagina. Por isso, comer sua porção semanal de peixe gordo pode ajudar a proteger a excitação sexual.

Frutos do mar Todos os frutos do mar têm fósforo, cálcio, iodina, ferro, vitamina B e glicofosfatos essenciais para a força e a saúde.

Tomates Tomates são ricos em licopeno fotoquímico, que pode ajudar a prevenir o câncer na próstata. E se você acha que apenas homens idosos podem ter câncer na próstata, pense melhor. Mesmo homens de 23 anos já desenvolveram a doença. Como a maioria dos outros vegetais, hoje em dia quase todos os tomates são cultivados em fazendas de agricultura intensiva e podem estar cheios de agrotóxicos. Por isso, lave-os muito bem antes de comer.

Vigor sexual

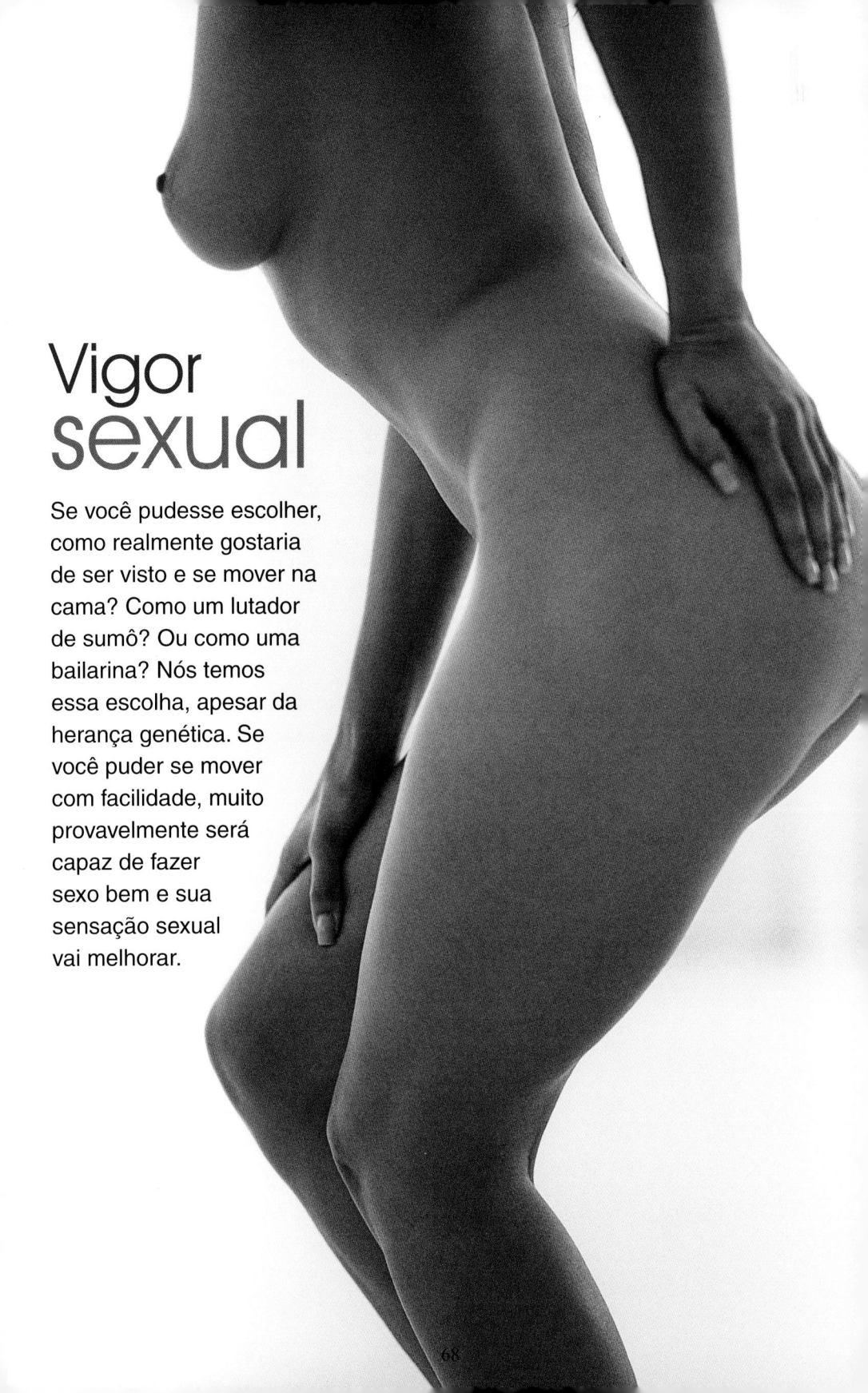

Se você pudesse escolher, como realmente gostaria de ser visto e se mover na cama? Como um lutador de sumô? Ou como uma bailarina? Nós temos essa escolha, apesar da herança genética. Se você puder se mover com facilidade, muito provavelmente será capaz de fazer sexo bem e sua sensação sexual vai melhorar.

você é aquilo que come

A guru do sexo nova-iorquina Betty Dodson costumava ensinar que um pouco de jejum era bom para a saúde e que, para ajudar a digestão, é bom tirar algum tempo (digamos, uns três ou quatro dias) para alimentar-se com sucos batidos. O resultado é que você fica parecendo mais magro, se sente em forma e pode mover-se como um bailarino. O movimento era fundamental para Betty. Ela achava que, se a pessoa não conseguisse se mover com facilidade, provavelmente não seria capaz de fazer sexo bem ou de ser especialmente sensível à sensação sexual. Como Betty era um milagre de atratividade rápida e flexível, assim como sua assistente, Sheila Shea, era fácil acreditar na opinião dela.

o você interior

Para ter a aparência de um bailarino é preciso pensar sobre o efeito que a comida tem no interior de seu corpo e em sua digestão em particular. Todo mundo discorda a esse respeito. Eu acho que o pão me deixa inchada, o que é péssimo, porque adoro pão. Mas logo aprendi a responder aos sinais enviados por meu estômago em forma de dor. Penso no que acabei de comer e faço uma nota mental para passar a comer menos daquilo no futuro ou cortá-lo de uma vez.

Em que consiste a má digestão? Em qualquer coisa que faça seu estômago doer. E por que isso é importante? É importante porque é muito difícil ser genial na cama se seu sistema digestivo estiver agonizando. Por isso, investigue quais substâncias alimentares o fazem sofrer. Cebola, alho, temperos fortes, creme de leite, canela, para citar apenas alguns alimentos conhecidos: todos têm gosto delicioso, mas são capazes de causar medonhos desconfortos internos.

purifique!

Eliminar alimentos dolorosos não é o único caminho para a boa digestão. Você também precisa desentupir seu Eu interior. Pense na Princesa Diana. A princesa era famosa por sua atividade aeróbica, sua dieta cuidadosa e sua coragem de experimentar auxiliares de digestão, como lavagens intestinais. Não importa o que você pense dela, tem que admitir que a princesa era um retrato de saúde radiante.

O corpo é um sistema que deve ser purificado. Dê-lhe líquidos simples, legumes, frutas frescas. Líquidos e fibras limpam o intestino. Se houver algum problema ali, ataque as frutas cítricas, seja generoso com as ameixas e corte a maior parte (mas não totalmente) das gorduras e carboidratos. Corte todo o açúcar desnecessário, especialmente em bolos e biscoitos. Compre frutas em lata no próprio suco, não em calda. A diminuição da ingestão de açúcar vai livrar seu sistema da cândida, algo de que no século XXI a maioria de nós sofre. A cândida se alimenta de açúcar. Quando você vê modelos naqueles anúncios de roupas de baixo minúsculas, que descobrem seu bumbum liso e sem manchas, pode ter certeza de que o açúcar não entra na dieta delas.

Descubra quais são suas comidas dolorosas assim:
- elimine alimentos suspeitos por um certo tempo;
- veja se nota alguma diferença;
- volte a introduzi-los na dieta.

Se sua digestão reagir mal imediatamente, estará óbvio que esses alimentos são ruins para você. A primeira semana de meu Plano de 28 Dias começa com a eliminação desses alimentos, de forma que você possa ver por si mesmo o que afeta sua digestão. Em seguida, eles são reintroduzidos em semanas sucessivas, para que seus efeitos sejam avaliados.

enzimas digestivas

Abacaxi, manga e papaia são abarrotados de enzimas digestivas especiais que permitem a seus ácidos estomacais funcionar com eficiência ao processar alimentos. Os brasileiros acreditam que as sementinhas pretas encontradas no mamão papaia devem ser comidas, porque ajudam a limpar seu Eu interior. Pode-se fazer uma deliciosa papinha com essas frutas, para ajudar a dar um empurrão matinal em sua digestão.

Além disso, os que têm problemas sérios de estômago são aconselhados a comer diariamente iogurte natural que contenha lactobacilos vivos. Ele traz um alívio natural para a dor de estômago.

comidas cruas

Por que comer alimentos crus? Porque a comida crua mantém as vitaminas e os minerais naturais que com frequência são destruídos pelo cozimento. A ingestão diária de alimentos crus enriquece nosso corpo com nutrientes vitais, oferecendo ao mesmo tempo fibras insolúveis suficientes para facilitar uma expulsão mais fácil e rápida dos dejetos digestivos. Mesmo durante o inverno, uma refeição por dia deve consistir de folhas cruas, brotos e raízes. Na verdade, isso deve ser feito especialmente durante o inverno, quando nossa pele anseia pela luz do sol e suas vitaminas vitais. Além disso, o processo de conserva remove muitas das vitaminas e minerais que os vegetais e frutas contêm naturalmente. É melhor comê-los frescos.

dieta sexual intensiva

O Plano de 28 Dias (ver pp. 78-145) foi projetado tendo o bem-estar sexual em mente. Na primeira semana todas as substâncias alimentares que possam causar reações dolorosas ou alérgicas são cortadas. Na segunda, elas continuam cortadas, mas adicionam-se outros alimentos que limpam os órgãos internos e facilitam a expulsão dos dejetos. Na terceira semana, alguns dos alimentos "proibidos" são reintroduzidos, um a um, para descobrir qual sua reação a eles. Na quarta semana um regime alimentar saudável é estabelecido permanentemente, de preferência para ser seguido pelo resto da vida. Esta não é uma dieta para perda de peso, mas especificamente para reduzir o inchaço abdominal e aliviar a sensação de preguiça. Combine a dieta com exercícios para ter um efeito maximizado.

alimentos dolorosos

Cada pessoa tem reações diferentes a alimentos diversos. O que é maná para um pode ser veneno para outro. Experimente eliminar e, depois, reintroduzir esses alimentos para medir sua própria resposta digestiva.

Aipo Dificilmente criará uma reação. Ótimo para energia sexual.

Alho Um ajudante essencial para realçar o sabor da comida, mas, infelizmente, não é tolerado por todos. Usado universalmente para afugentar resfriados, mas o uso exagerado também pode afugentar as pessoas!

Brócolis Cheio de antioxidantes que reduzem os sinais de envelhecimento. Algumas pessoas reagem com gases abdominais.

Cebola Causa reação alérgica em algumas pessoas.

Cenouras Cheias de betacaroteno e menos propensas a causar dor.

Cogumelos Considerados afrodisíacos desde a Antiguidade, mas devem ser evitados pelos que têm cândida.

Couve de bruxelas Cheia de vitaminas, mas também pode causar flatulência.

Couve-flor Sabe-se que também causa flatulência para algumas pessoas.

Frutas cítricas Grandes ajudantes da digestão e recomendadas como alimento para o café da manhã. Os que têm úlceras no estômago podem achá-las ácidas demais.

Melão Muitas pessoas acreditam que deva ser comido sozinho e não junto com a refeição, uma vez que pode "brigar" com outros alimentos e tornar a digestão dolorida.

Pimenta vermelha Adorada por alguns, temida por outros. A pimenta vermelha pode realmente embolar pessoas que tenham a pele especialmente sensível.

Repolho Funciona como diurético, é valioso como ingrediente de dieta, mas causa flatulência em algumas pessoas.

Lanchinhos sexuais

A fome com frequência aumenta a vivacidade e a clareza da experiência sexual.

BETTY DODSON, a famosa guru nova-iorquina do sexo, costumava ensinar a seus alunos um método único para lanches sexuais. "Em vez de ir direto para a geladeira atrás de sorvete quando chegar do trabalho, no horário do dia em que você está com a energia mais em baixa e fazendo qualquer coisa por um monte de açúcar, passe direto e vá para o quarto." No quarto, dizia Betty, você deve presentear-se com uma gostosura deliciosa na forma de uma gratificante sessão com seu vibrador.

Betty não sabia, mas ela estava defendendo uma terapia estratégica, ou seja, substituir uma ação habitual por uma nova, quebrando assim um padrão de comportamento. Uma das vantagens de seguir a versão de Betty é que a fome com frequência aumenta a vivacidade e a clareza da experiência sexual e um orgasmo relaxa o corpo e inunda o cérebro de endorfinas suficientes para sustentá-lo pelos 20 minutos em que a refeição noturna será preparada.

alimentos para "beliscar"

As autoridades de saúde da Grã-Bretanha recomendam que se comam 3-5 porções de fruta por dia para permanecer em forma e estimular o sistema digestivo. Não é tão difícil quanto parece. Uma porção de fruta pode ser uma uva!

"Em vez de se dirigir para a geladeira, passe direto e vá para o quarto."

Melão A melancia contém licopeno, um antioxidante que, acredita-se, reduz a incidência de câncer. Melões almiscarados têm agentes antiartríticos, previnem a catarata e também combatem o resfriado, a depressão, o glaucoma, a dor de cabeça, a obesidade, o mal de Parkinson, a úlcera e o câncer. O melão é uma fonte rica em betacaroteno e vitamina C.

Tangerina e outras frutas cítricas Pequenas o bastante para serem levadas na bolsa, doces o bastante para satisfazer uma necessidade de açúcar, ricas em vitamina C — um poderoso antioxidante, que se acredita reduzir o risco de doenças cardiovasculares e algumas formas de câncer. Uma laranja por dia mantém o câncer longe.

Maçãs Ricas em vitaminas C e E (antioxidantes), também ricas em flavonoides e polifenóis, que reduzem a oxidação. Antioxidantes diminuem a velocidade do processo de envelhecimento.

Uvas A casca das uvas vermelhas e roxas contém poderosos antioxidantes e tem um efeito nutricional muito semelhante ao do vinho tinto. Uvas são também um lanche de baixíssima caloria. O óleo da semente de uva pode expulsar a cândida (aftas) de seu sistema.

Sementes mistas Sementes podem ser compradas nos empórios de alimentos naturais e colocadas em um saquinho na véspera do trabalho. As sementes maiores (abóbora e girassol) são mais satisfatórias de comer, mas não há nenhum mal em acrescentar um pouco de sementes de gergelim e uma pitada ainda menor de sementes de linhaça.

Sementes de abóbora Contêm potássio, magnésio, zinco, ferro, ácidos graxos essenciais que, acredita-se, ajudam a evitar problemas na próstata, distúrbios reprodutivos e impotência.

Sementes de girassol Satisfazem o apetite por causa da quantidade de gordura que têm e evitam a fadiga e o cansaço quando o açúcar no sangue diminui. Também ajudam a equilibrar o sódio na dieta, protegendo-nos, assim, contra o sal em excesso nos tecidos.

Sementes de gergelim Acredita-se que aliviam o reumatismo, a constipação, dores ciáticas, fraqueza nos joelhos e juntas endurecidas. Os turcos consideram o gergelim o melhor alimento para ganhar força.

Sementes de linhaça Laxante, é o antigo remédio doméstico para resfriados, tosse e irritação dos órgãos urinários.

crocantes de repolho

Prepare lanches saudáveis com antecedência, que possam ser usados em momentos-chave do dia. Desse modo, haverá uma substância realmente alimentícia para satisfazer a necessidade de "beliscar"; não besteiras cheias de açúcar, mas lanchinhos saudáveis.

Os crocantes de repolho podem ser preparados com antecedência e ensacados para levar ao escritório. É uma salada de repolho cortado que pode conter qualquer ingrediente cru de que você goste. Mas deve incluir ou 25% de repolho ou 25% de outro legume, como brócolis ou couve-flor crus, se você realmente detestar repolho. Se preparar sua salada na noite anterior e a armazenar em um saco plástico na geladeira, removendo o ar, ela permanecerá fresca durante todo o dia seguinte. Faça o bastante para uma refeição completa e uma porção de lanchinhos. A propósito, se as verduras forem cortadas com uma faca de plástico, as folhas não sofrerão oxidação. Brócolis, couve-flor, acelga e repolho são alimentos de baixas calorias, ricos em fibras insolúveis e fazem deliciosas saladas crocantes. Comê-los todos os dias ajuda a evitar o câncer de intestino. Também são ricos em vitaminas K e C (que ajudam a afugentar vírus como o da gripe comum) e em antioxidantes (que ajudam a retardar o processo de envelhecimento). Contêm ferro, que aumenta a resistência sexual. Para maximizar a absorção de ferro de seu corpo, combine os alimentos com repolho com outros ricos em vitamina C, como pimentão vermelho.

Suplementos
herbais e minerais

O Plano de 28 Dias não trata apenas de ficar forte e bonito. Cuida também de aumentar sua imunidade de modo a proteger a saúde sexual.

Se você evita resfriados e outras infecções, dorme bem regularmente, protege sua próstata, prevenindo assim a dor e a incontinência futura (se você for homem), garante que sua menstruação flua suavemente e sem cólicas (se for mulher), vai se sentir mais saudável e *sexy*.

Coma com cuidado para evitar sobrecarregar o sistema digestivo e ganhar peso em excesso. Aumente sua saúde interna tomando uma boa pílula multivitamínica e um suplemento de minerais e ervas (ver página oposta). Sim, você pode ingerir minerais e vitaminas na comida. Mas isso pressupõe que coma todos os alimentos "certos" regularmente como um reloginho e que eles serão todos, praticamente, servidos crus, sem os efeitos estimulantes, mas neutralizantes, da cafeína. Eu não consigo. E nem 90% da população, eu acho. É aqui que entram os suplementos.

Na próxima página há uma lista de suplementos herbais e minerais que têm impacto específico na sexualidade ou em aspectos da saúde que influenciam diretamente a experiência sexual. Veja a depressão, por exemplo. Quem já sofreu disso sabe que a primeira coisa a ser jogada pela janela é o desejo sexual. Uma das alegrias de se livrar da depressão é que normalmente a libido também volta.

Dê uma olhada na lista a seguir e veja se algum dos problemas tratados parece significativo para você. Se sim, pense em acrescentar um suplemento à sua dieta. Se não, deixe para lá.

suplementos herbais

Agnus Castus Ajuda a aumentar o impulso sexual nas mulheres, embora tenha o efeito oposto nos homens. Ajuda a regular o ciclo menstrual e estimula alguns tipos de fertilidade feminina. Não tomar junto com pílula anticoncepcional ou com reposição hormonal.

Erva-de-são-cristóvão Ajuda a equilibrar os hormônios femininos. Usada principalmente para aliviar os sintomas da menopausa, ajuda também nas cólicas menstruais, períodos irregulares, libido baixa e TPM. As pesquisas mostram que a Erva-de-são-cristóvão regulamentada também é uma reposição hormonal efetiva; em outro estudo, ela funcionou melhor que o diazepam e a reposição hormonal de estrogênio no alívio de ansiedade e sintomas depressivos. Não tome imediatamente após a concepção, durante a gravidez ou quando estiver amamentando.

Erva-de-são-joão Um antidepressivo eficaz, também melhora a qualidade do sono e ajuda quem sofre de SAD (distúrbio afetivo sazonal). Em uma pesquisa, essa erva ajudou 60% das mulheres no período pós-menopausa a recuperar a libido perdida. Precisa ser tomada junto com as refeições, já que pode atrapalhar a digestão. Não deve ser tomada em conjunto com remédios antidepressivos receitados ou com WARFARIN, anticoncepcionais orais e diversos outros medicamentos ou durante a gravidez e a amamentação.

Garra do diabo Um antiinflamatório natural que reduz a dor muscular e dores no pescoço e nos ombros. Os benefícios começam a ser sentidos duas semanas após o início do tratamento. Tradicionalmente, é usado para tratar a dor nas contusões causadas por práticas esportivas, osteoartrite e artrite reumatoide. Deve ser tomado junto com as refeições e não pode ser usado se a pessoa sofrer de indigestão ou úlceras peptídicas. Evite durante a gravidez e a amamentação.

Gengibre Tem efeitos antiinflamatórios e antienjoo e pode ser usado para combater o enjoo na gravidez, assim como dores musculares e nas juntas e enjoo por movimento.

Ginseng Comprovadamente melhora o desempenho sexual em homens com impotência (ver também p. 66).

Laminaria digitata **(*kelp*)** Esse suplemento deriva-se de algas marinhas e é uma excelente fonte nutricional, sendo a iodina o principal ingrediente. Traz sensações de plenitude e também melhora a pele, as unhas e o cabelo. As pesquisas sugerem que uma dieta rica em *kelp* protege a pressão sanguínea e as funções imunes.

Serenoa repens **(*Saw palmetto*)** Ajuda a aliviar os sintomas de uma próstata aumentada, como problemas urinários. As pesquisas mostram que é tão eficaz quanto as drogas químicas para os problemas da próstata, sem os efeitos colaterais desagradáveis, como a impotência!

suplementos minerais

Boro Aumenta a absorção de cálcio e estimula maior produção de estrogênio e testosterona. Esses fatores ajudam a reduzir o risco de osteoporose e aumentam a força óssea e a longevidade. Entre os alimentos que contêm boro estão legumes, frutas e nozes. A osteoporose é um dos fatores que mais contribuem para que a pessoa passe a evitar a atividade sexual.

Cálcio Essencial no corpo para a formação e fortalecimento de ossos e dentes saudáveis. Especialmente importante para as pessoas que têm um histórico familiar de osteoporose. Não esqueça que homens também podem sofrer dessa doença! O cozimento reduz a quantidade de cálcio e dietas ricas em fibras podem acelerar a passagem do cálcio pelo corpo antes que possa ser digerido. O melhor método de absorver cálcio é beber dois copos de leite desnatado ou semidesnatado por dia, junto com um suplomento de boro. O ideal é tomar o leite ao menos 20 minutos antes de uma refeição, já que ele pode interferir com o efeito antioxidante de certos alimentos. Se você não gostar de leite, tome um suplemento de cálcio.

Magnésio Outro mineral que pode ser tomado junto com o boro e o cálcio, pois regula o movimento do cálcio dentro e fora das células. O magnésio pode ser encontrado naturalmente em frutos do mar, algas, folhas, legumes verde-escuros, banana e chocolate. Baixos níveis de magnésio são associados com fadiga crônica e TPM. Na forma de suplemento, o citrato de magnésio é absorvido com mais facilidade, embora o gluconato de magnésio em geral irrite menos o estômago.

Selênio Representa um papel fundamental no estado da pele e nas funções imunológicas. Baixos níveis podem levar a rugas precoces, baixa fertilidade, manchas de idade e problemas de pele e cabelo. O risco de aborto também aumenta. O selênio também pode ser usado para tratar o câncer. Níveis extremamente baixos são responsáveis por uma forma de insuficiência cardíaca e degeneração dos músculos e juntas. Castanhas-do-pará são a fonte natural mais rica em selênio; outras fontes são frutos do mar, grãos integrais, cebola, alho, brócolis e repolho. O selênio trabalha junto com a vitamina E.

Zinco Importante para a maturidade sexual, a cura de feridas e as funções imunológicas. Ostras são ricas em zinco e, uma vez que os sintomas da deficiência de zinco são o atraso da puberdade, órgãos masculinos subdesenvolvidos, baixa contagem de esperma, fertilidade reduzida e impotência, é fácil entender a reputação das ostras como afrodisíaco. Cada vez que um homem ejacula, perde por volta de 5 mg de zinco, um terço de sua necessidade diária.

Assassinos da paixão

Imagine um amante com bafo de álcool, cabelos e roupas cheirando a cigarro e obviamente alterado pelo uso de drogas. Não é lá um retrato muito sedutor, certo? Você gostaria de ficar íntimo de alguém assim?

Há inúmeras razões pelas quais o tabaco e o álcool arruínam sua vida sexual. Eis aqui apenas algumas. A seguir, sugestões simples para tornar a mudança de hábitos um pouco mais fácil.

a sujeira da... fumaça

Fumar é tão, mas tão ruim para o sexo, que é difícil saber por que a pessoa insiste em continuar com o hábito. Um estudo americano, feito com homens entre os 31 e os 49 anos, mostrou um aumento de 50% no risco de impotência entre os fumantes, comparado com aqueles que nunca haviam fumado. Uma metanálise de estudos publicados desde 1980 descobriu que 40% dos impotentes eram fumantes, comparado com 28% dos homens em geral. Para mulheres mais jovens, o fumo e o uso de anticoncepcionais orais aumentam em dez vezes o risco de ataque cardíaco, colapso ou outras doenças cardiovasculares. A menopausa ocorre até dois anos mais cedo em fumantes. Mulheres que fumam mais de dez cigarros por dia correm ainda mais risco.

a sujeira da... bebedeira

Como depressivo do sistema nervoso central, o álcool entorpece as terminações nervosas dos genitais. Isso significa que um bebedor necessita de estímulo extra para conseguir a excitação e o orgasmo. O álcool reduz a capacidade de lubrificação de uma mulher e pode retardar o orgasmo. Os homens têm uma diminuição do desejo, orgasmo retardado ou, em alguns casos, nem mesmo conseguem uma ereção. O álcool aumenta o metabolismo do fígado (todos sabem que o álcool faz mal para o fígado); também faz com que o fígado transforme testosterona em estrogênio. Com níveis de testosterona mais baixos, os homens experimentam disfunções eréteis e, com o uso prolongado, podem desenvolver seios!

mude sua dieta: rompa o vício

Um plano alimentar pode ser usado para ajudar a superar problemas de vício. Se você adotar uma dieta rica em proteínas ao largar as substâncias viciantes, o cérebro ficará alimentado, o que pode ajudar a evitar recaídas. Os alimentos ideais são montes de bistecas ou bifes, acompanhados por tomates ou salada. Batata assada também é bom, se você não quiser ganhar peso. Substâncias saudáveis ricas em proteínas também podem satisfazer, de algum modo, ânsias de apetite. Essa dieta foi planejada originalmente para auxiliar viciados em drogas e é particularmente útil para largar vícios. Não se preocupe se ganhar um pouco de peso no início. Logo que você acabar de matar o vício, pode adotar um cuidadoso regime alimentar.

plano sexual

Quando você tiver vontade de apanhar o maço de cigarros, substitua-os por outra forma de satisfação. Se estiver se sentindo realmente ansioso, estimule-se sexualmente. Ou seduza seu amante e use sua energia em uma relação sexual. As endorfinas liberadas no orgasmo satisfarão parcialmente as ânsias. Você não apenas cansa o corpo de forma saudável, como ainda encoraja a produção de endorfina. Lembre-se, porém, de que quando estiver seduzindo alguém, não é aceitável pressionar a pessoa a fazer sexo. Aborde-a de forma leve e bem-humorada.

"Ao voltar a seu hábito, você volta a introduzir no cérebro as substâncias que o aprisionaram antes. É aí que entra a prática substituição estratégica por sexo."

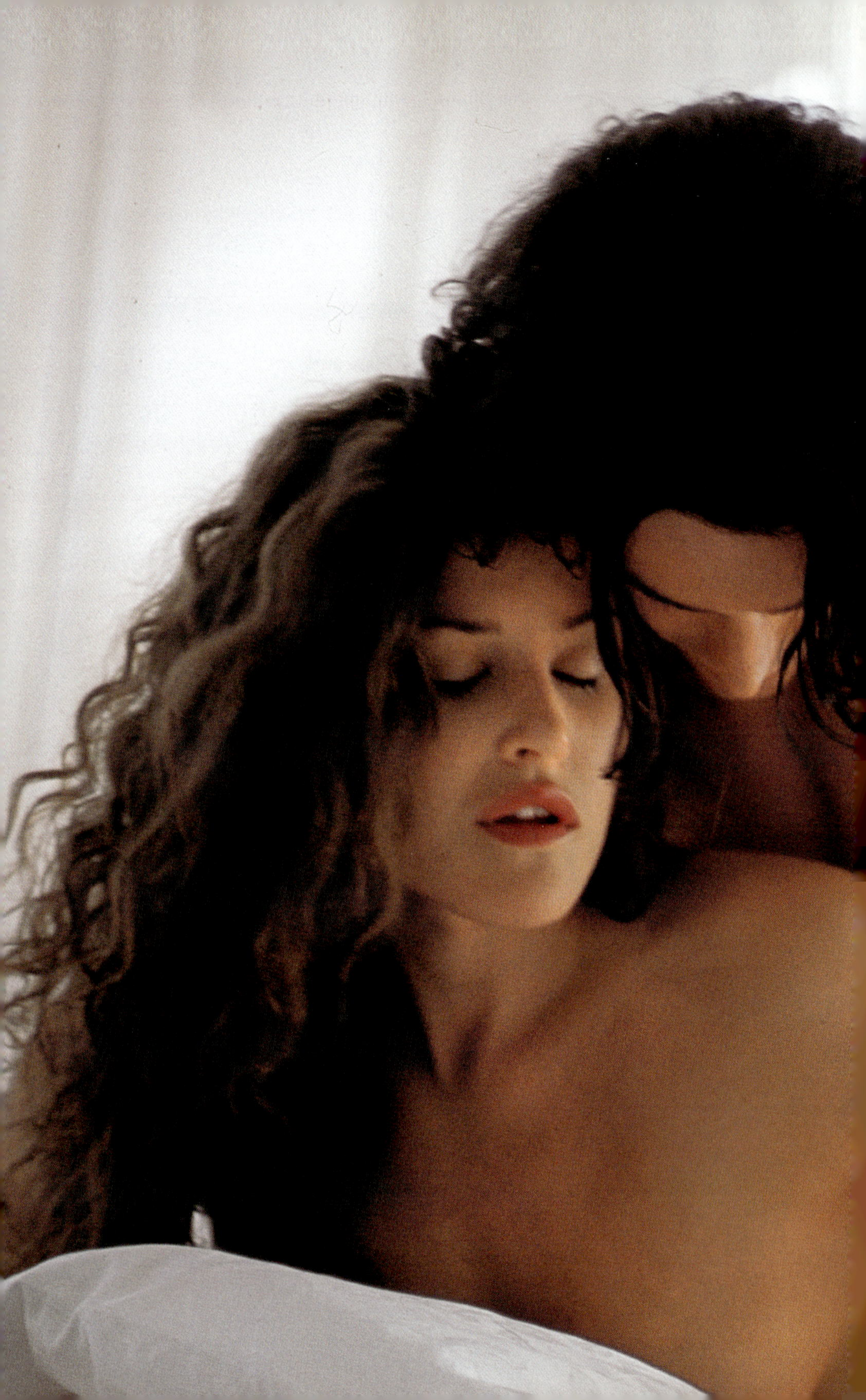

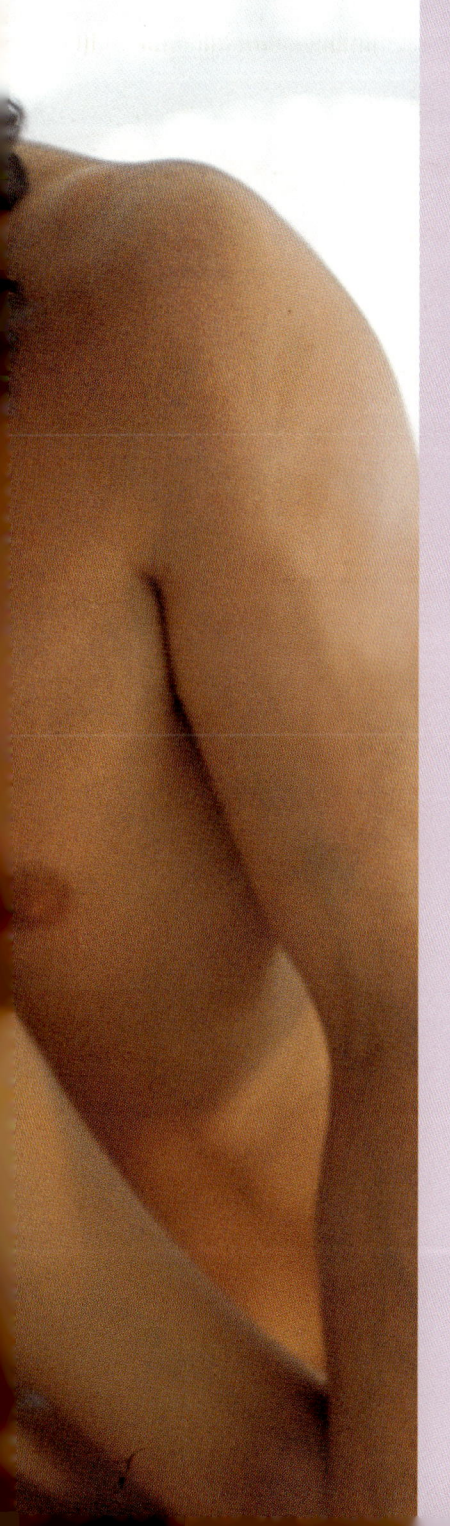

PARTE QUATRO

O Plano de 28 Dias

Esta não é apenas uma dieta, mas também um plano de alimentação saudável. A ideia é estabelecer um padrão de como e quando comer, de modo que se torne automático. A maior parte da alimentação se enquadra em padrões, o que significa que você invariavelmente recorre à barra de chocolate em uma certa hora do dia, quando sua energia está baixa. E seu cérebro se acostuma a fazer aquilo naquela hora. Mas o mesmo pode acontecer com padrões saudáveis de alimentação. Assim, nosso objetivo não é apenas treinar seu apetite, mas também seu cérebro. O objetivo da dieta é deixá-lo em forma, auxiliar em seu processo digestivo e, se estiver acima do peso, enxugar seu corpo.

Como usar o Plano de 28 Dias

Eis alguns conselhos gerais que devem ser lidos antes de começar o Plano de 28 Dias. Nas próximas páginas também se encontram dicas sobre como adaptá-lo a suas necessidades individuais.

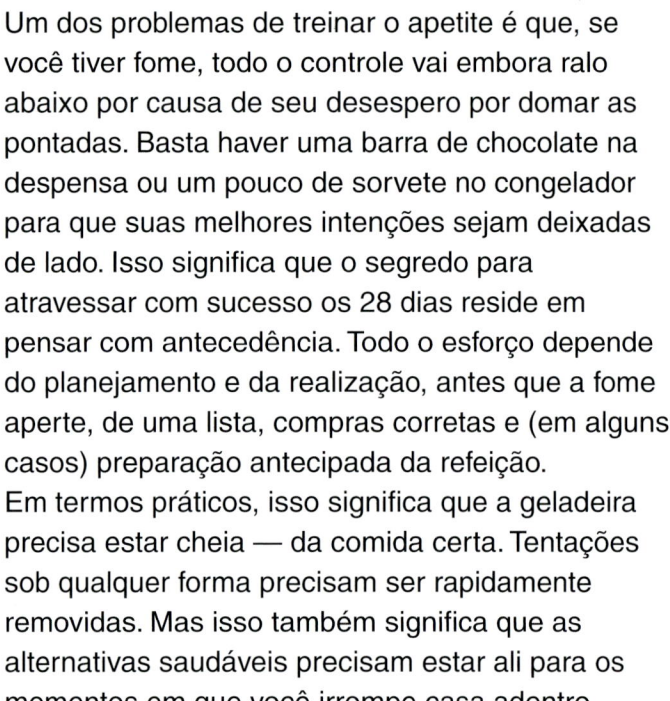

Um dos problemas de treinar o apetite é que, se você tiver fome, todo o controle vai embora ralo abaixo por causa de seu desespero por domar as pontadas. Basta haver uma barra de chocolate na despensa ou um pouco de sorvete no congelador para que suas melhores intenções sejam deixadas de lado. Isso significa que o segredo para atravessar com sucesso os 28 dias reside em pensar com antecedência. Todo o esforço depende do planejamento e da realização, antes que a fome aperte, de uma lista, compras corretas e (em alguns casos) preparação antecipada da refeição.

Em termos práticos, isso significa que a geladeira precisa estar cheia — da comida certa. Tentações sob qualquer forma precisam ser rapidamente removidas. Mas isso também significa que as alternativas saudáveis precisam estar ali para os momentos em que você irrompe casa adentro absolutamente faminto (veja algumas ideias nas pp. 72-73).

planeje com antecedência

Para isso, é preciso ler o Plano antes de começar, talvez uma semana de cada vez, e planejar as compras no fim de semana anterior. Se tiver um pouco mais de tempo em um dia determinado, essa pode ser a ocasião para preparar os pratos que possam ser feitos com antecedência e colocá-los no *freezer*. Se você sabe que sempre tem fome no meio da tarde, arme-se com saquinhos cheios de vegetais picados, sementes e biscoitos de arroz. Essas são alternativas muito mais saudáveis do que bolos, biscoitos e doces.

remova os agrotóxicos

Como comprovadamente há altos níveis de agrotóxicos em algumas frutas e vegetais, é bom lavar bem todos os vegetais e frutas antes de comê-los. Se mesmo assim você continuar preocupado, uma fruta firme, como maçã, pode ser lavada com vinagre: é o método mais seguro de lavar toda a casca. Sempre compre vegetais orgânicos, se tiver essa opção.

sono e comida

Se você sabe que sempre fica morrendo de fome antes da hora de dormir, tenha em mente que o corpo, com quase toda a certeza, está lhe dizendo que suas fontes de energia estão esgotadas e que ele exagerou na absorção de alimento. Nesse caso, a solução é dormir, não comer, mas não é tão fácil dormir quando se sente o estômago vazio. O truque é enganar seu estômago, fazendo-o pensar que está cheio. Um copo grande de água antes de ir para a cama cumpre essa função.

sono e sexo

Ele também pode ser cumprido pelos efeitos de um sexo bom e carinhoso. Apenas o fato de ser abraçado por alguém que você ama é calmante e a liberação real de tensões físicas por meio do orgasmo enche o corpo de endorfinas que relaxam, confortam e ajudam a cair no sono.

Descrevi, neste Plano, algumas atividades sexuais específicas que se adequam ao tipo de digestão da comida nos cardápios. Mas... e este é um grande mas... não acredito em sexo receitado. São apenas sugestões e, se você tiver outras ideias, isso é ótimo. Vá em frente! A única coisa que quero dizer é que é muito fácil ficar preso a um padrão de coito regular porque aquilo funciona bem. Isso pode não ser um problema nos primeiros anos, mas acaba levando à monotonia. Se você tiver caído no hábito de ter muito menos sexo do que gostaria (e quase todas as pesquisas de opinião sobre sexo revelam que 50% dos perguntados estão insatisfeitos com o que acontece em seu relacionamento sexual), minhas sugestões podem ser um método útil para voltar a ter contato!

o padrão básico

Se você não puder se dar ao trabalho de atravessar detalhadamente cada dia do Plano, pode aproveitar apenas o básico absoluto. Veja, à direita, o esqueleto do plano. Se você aderir a esses poucos princípios por algumas semanas, vai perder peso.

o esqueleto

O Plano de 28 Dias é composto de quatro seções de uma semana, cada uma das quais com o seguinte padrão:

1º Dia Vegetais, sem batata, frutas
2º Dia Vegetais, batata, sem frutas
3º Dia Vegetais, sem batata, frutas
4º Dia Vegetais, sem batata, frutas (só banana)
5º Dia Carne, vegetais (tomates), sem batata, sem frutas, água extra
6º Dia Peixe gordo, vegetais, sem batata, frutas
7º Dia Carne, vegetais sem batata, frutas, água extra

Sempre coma uma porção de frutas no café da manhã e tome um bom suplemento multivitamínico. Se você quiser manter sua dieta, acrescente até duas fatias de pão por dia, ou mais batatas. Nos dias 6 e 7 você pode beber uma taça de vinho tinto ou comer 100 g de chocolate simples.

os elementos fundamentais

Talvez haja dias em que você seja incapaz de seguir o Plano, ou em que simplesmente queira uma folga. Se for o caso, certifique-se de ingerir alimentos que tenham as seguintes qualidades:

• Praticamente sem gordura (apenas quantidades pequenas de azeite de oliva)
• Sem açúcar
• Baixo teor de sal
• Corte o trigo (em qualquer forma), se quiser perder peso
• Nenhum produto lácteo, exceto leite desnatado
• Proteínas e carboidratos equilibrados
• Ingestão ocasional de potássio
• Ingestão extremamente alta de fibras
• Tantos alimentos crus quanto possível

sexo seguro

Proteja-se de doenças sexualmente transmissíveis prestando atenção às seguintes diretrizes:

Espere Deixe o intercurso sexual completo de lado até ficar mais velho. Os órgãos sexuais internos de mulheres mais jovens podem ainda estar imaturos e, por conta disso, contrair moléstias sexuais, como herpes e verrugas, com mais facilidade. Essas infecções podem ter consequências a longo prazo, já que pode haver uma ligação entre infecções prematuras e desenvolvimento de câncer cervical.

Use camisinha Ela protege contra muitas infecções sexuais, incluindo as descritas acima, e é uma ótima proteção contra a infecção pelo vírus HIV.

Basta dizer não Se você achar que pode haver algum risco à saúde, não tenha medo de dizer não.

Aprenda a colocar a camisinha corretamente O melhor método é apertar a pontinha entre o polegar e o indicador e desenrolar a camisinha ao longo do pênis ereto. Nunca a desenrole antes de tentar colocá-la.

Sempre leve uma camisinha Isso também se aplica a moças jovens. Homens e mulheres mais velhos que estão voltando a conhecer pessoas também precisam levar camisinhas.

Brincadeiras Não tenha medo de transformar a colocação da camisinha em uma brincadeira. Por exemplo, tente pôr uma em seu parceiro só com a boca!

Treine sua mente Associe o ato e o aroma de vestir uma camisinha com o erotismo. Esse pode ser um momento muito excitante.

De quanta comida um corpo saudável precisa?

Estar acima do peso pode ser um enorme entrave à sua vida sexual. Mas de quantas calorias você realmente precisa para perder peso, e continuar saudável e cheio de energia?

NO OCIDENTE, uma em cada cinco pessoas (ao menos) é obesa mórbida. Isso não significa apenas que são gordas; quer dizer que são enormes. E, ao contrário da ideia de que um pouco de volume é *sexy* (coisa que realmente é), indivíduos realmente enormes não conseguem ter sexo bom porque não conseguem se mover fisicamente. Mais importante ainda, porém, é a considerável pressão sofrida pelo coração devido ao grande esforço de sustentar o equivalente a outra pessoa o dia inteiro. O excesso de peso é um dos maiores riscos existentes à saúde, assim como um assassino da vida sexual.

conte suas calorias

Por isso, não me envergonho de oferecer um plano alimentar em que você pode perder peso se assim o desejar. O homem médio necessita de 2.500 calorias por dia para manter o peso e 1.500 para perder um pouco. A mulher média precisa de 1.900 calorias para manter o peso e 1.200 para perder. Esses números são apenas para servir de guia, pois diferentes heranças genéticas, altura e idade têm seus papéis nas necessidades reais de cada indivíduo.

quando o "cheinho" é bom

Também é óbvio que há certas fases da vida em que é natural ser gordinho. Pré-adolescentes são com frequência naturalmente "cheinhos", assim como mulheres de meia-idade, naquela idade incerta em que o metabolismo começa a desacelerar. Adolescentes em geral espicham (literalmente) durante a arrancada final do crescimento, mas não custa nada eles fazerem um pouco mais de exercício físico do que costumam. Dietas não são recomendadas para pré-adolescentes, mas a alimentação saudável é.

contagem calórica

Eis alguns fatos que podem ser úteis para ajudá-lo a decidir a respeito de sua dieta. Para cada grama de gordura em qualquer tipo de alimento, você ganha nove calorias. Para cada grama de proteína (como na carne) ou carboidrato (como na batata ou no açúcar), você ganha quatro calorias. Não é preciso ser nenhum gênio para adivinhar o que se deve cortar. O sal em excesso faz com que os tecidos retenham líquido e a pressão do sangue aumente, o que eleva a probabilidade de um colapso. Mas todos precisamos de um pouco de sal, por isso é errado cortá-lo completamente. Idealmente, precisamos de 3 g de sal por dia; é por isso que se deve ler cuidadosamente o rótulo da comida pronta, já que o teor de sal com frequência é bem alto. A única coisa que nunca é demais são as fibras. Assim, se você realmente quiser secar, caia de boca nos vegetais, saladas, legumes, frutas e cereais ricos em fibras, como a granola.

expansão da meia-idade

Mulheres na meia-idade PRECISAM tomar uma atitude. Elas não necessitam de tanta comida quanto precisavam quando jovens, mas é extremamente difícil treinar o cérebro, que conheceu anos de um padrão alimentar regular. Daí o valor do Plano de 28 Dias, cuja meta é exatamente essa. Pessoas mais velhas em geral desenvolvem uma digestão ruim ao longo dos anos, de tanto abusar de seu estômago inocente. Descobrir suas tolerâncias alimentares específicas não apenas faz com que você se sinta melhor, como também pode ajudar a emagrecer. Exercitar-se regularmente é essencial, não importa sua idade!

álcool e impotência

Os que vivem em uma cultura de cerveja ou álcool, que se encontram com a turma no bar todas as noites, competindo pra ver quem bebe mais, também desenvolvem uma forma corporal bem estranha — sendo o mais notório, entre os homens, o desenvolvimento de seios e de um barrigão. Além disso, eles perdem a flexibilidade de movimento, sua quantidade de esperma diminui e a possibilidade de impotência aumenta. Se você, honestamente, tiver a força de vontade para diminuir a ingestão alcoólica com sucesso, este é o momento de fazê-lo (veja na p. 77 alguns conselhos).

De quanto sexo um corpo saudável precisa?

Sexo é definitivamente algo que exige de você os sentimentos e as emoções certos. Não se trata de algo que se possa controlar deliberadamente, porque, se não houver o desejo ou o amor, não é possível acender o corpo automaticamente.

PERGUNTAR DE QUANTO SEXO você precisa é semelhante a indagar sobre a quantidade de comida que alguém necessita. Não há uma média genuína de intercurso sexual nem devemos ser guiados por aquilo que pensamos que deveríamos estar fazendo.

Houve muito pouca pesquisa séria sobre o quão bom ou ruim para o corpo o sexo pode ser. Sabemos que o sexo moderado é bom para homens e mulheres que sofrem do coração, enquanto um sexo cheio de esforço pode ser ruim para o mesmo grupo. Alguns estudos mostram que o sexo regular não mantém necessariamente a pessoa mais saudável. Porém, já que também é verdadeiro dizer que se você se sentir indisposto ou for realmente aleijado o sexo normalmente também é posto de lado, essas pesquisas provavelmente não querem dizer grande coisa.

somos aquilo em que acreditamos

Grande parte da maneira como funcionamos sexualmente depende do modo como acreditamos dever funcionar. No momento, parece haver uma epidemia de celibato entre jovens casais entre os 20 e os 30 anos. E não é por acaso que isso acontece em um momento da vida consumido totalmente por outras exigências. As mulheres, assim como os homens, trabalham e estão completamente exaustas. Criar filhos em um ambiente urbano é difícil, assim como a certeza de um emprego. O estresse é causa comum para a diminuição da atividade sexual. Talvez o fato de isso estar acontecendo com todos os nossos amigos acabe legitimando a diminuição de nosso próprio carinho.

torna-se melhor quando você fica mais velho

A boa notícia é que isso pode melhorar. Muitos casais mais velhos percebem que têm uma vida sexual melhor do que a dos jovens, provavelmente porque há mais tempo e por isso se sentem mais relaxados. A medicina moderna assegura que os homens não têm mais que temer a impotência como

é só pensar!

Um diário (ver na página oposta) é uma boa oportunidade para pensar sobre sexo. Mas essa é uma longa caminhada. Muitas pessoas acham que ruminar um problema durante um exercício as ajuda a encontrar uma solução. O que você deveria considerar durante esse processo? Seu relacionamento é uma boa escolha. Como você se sente a respeito? Há fraquezas que poderiam ser reforçadas? Há algum problema impedindo uma intimidade real e que você sabe que deve ser enfrentado? Essa é também uma oportunidade para pensar em como ter uma necessária confrontação.

antes e o tratamento hormonal correto pode ajudar a manter o interesse de uma mulher.

talvez não vivamos para sempre, mas podemos tentar

No passado, acreditávamos que não conseguiríamos mais andar depois de velhos, que o desejo sexual morreria, que a menopausa acabava com a vida física e, até certo ponto, emocional de uma mulher. Por causa disso, as crenças acabavam se concretizando. Hoje, pensamos que vamos durar mais. Os sexagenários de hoje têm expectativas diferentes das gerações anteriores. Muitas pessoas descobrem o amor ou voltam a se casar depois dos 60 anos e a publicidade tem como alvo constante o consumidor mais maduro. Há 60 anos, as mulheres ficavam velhas aos 50 — literalmente, de cabelo grisalho, acima do peso e sedentárias. Hoje, aos 50 anos ainda nem chegamos à meia-idade.

É justo dizer que, provavelmente, os jovens de 18-23 anos têm bastante sexo; que ele reduz um pouco entre os 24 e os 29; e que diminui bastante entre os 30-49. Depois, esses números voltam a subir gradativamente até os 70. Ainda podemos procurar ter sexo na idade madura? Agora sabemos que, desde que você continue a usar o corpo, literalmente exercitando seus grupos musculares, pode manter-se em forma até uma idade bem avançada. Desde que você não sofra de uma doença debilitadora, uma boa vida sexual pode durar para sempre — isso não é um conto de fadas, mas a verdade.

o segredo é perder peso

Assim, a probabilidade é que, se cuidarmos de nosso corpo, nossa vida sexual continuará por um bom tempo. Se você perder peso, as juntas terão um fardo menor a carregar e durarão mais; os pulmões não se cansarão de bombear aquele monte de oxigênio extra pelo corpo e de pressionar o coração. Além disso, se você fizer exercício regular e leve, continuará a conseguir usar seus músculos de todas as maneiras agradáveis em que possa pensar. Assim, se o sexo for uma de suas prioridades agora, pense em colocá-lo no topo quando você tiver 70 anos!

mantenha um diário sexual

É bom manter um registro de como você se sente no geral, se está ou não cheio de energia. Anote também como está se sentindo sexualmente. Você anseia por sexo, gosta dele quando vem e sente desejo constante? O desejo sexual aumenta quando você está com fome? Ou acha que ele é apenas ocasional e em momentos muito específicos do mês? Se comparar os dias correspondentes em seu mês de 28 dias, verá que alguns padrões começam a surgir. As mulheres precisam, obviamente, de uma comparação de seus períodos menstruais, por isso é uma boa ideia manter um diário da menstruação. Também é bom anotar qual posição lhe dá mais ou menos prazer e se há alguma ligação entre a perda de peso e a atividade sexual. Anote também a qualidade de seus orgasmos e se eles aconteceram junto com seu parceiro ou quando você estava só.

Sono, hormônios e carinho

A exaustão esmaga o sexo. A tensão também. Se seu modo de vida for particularmente tenso, pratique exercícios físicos regularmente, porque isso dissipa grande parte da tensão.

TODOS SABEMOS SOBRE as endorfinas que correm pelo corpo após o exercício — e isso inclui o exercício sexual. Entre outras coisas, as endorfinas nos ajudam a relaxar e a dormir. Assim, para pôr sua beleza para dormir, faça exercícios também.

exercício suave

Atualmente, não se julga mais necessário praticar exercícios extenuantes. Um dos problemas com a aeróbica de impacto e o *jogging* é que sempre se corre o risco de distender um músculo e, o que é mais preocupante, prejudicar permanentemente suas cartilagens e juntas. A boa notícia é que os exercícios do Pilates, se realizados apropriadamente, podem manter você forte, são exercícios brandos e ajudam a liberar um fluxo de endorfina. O mesmo se pode dizer da caminhada, natação e jardinagem.

hormônios e sono

Dormir é, literalmente, um tratamento de beleza. Cura feridas, permite a recuperação de ossos e músculos, dissipa fluidos (do rosto) e deixa a pele com aparência brilhante e jovem. Todos nascemos com um determinado nível de hormônios e nosso corpo os usa desde o primeiro dia de vida. Se você for homem, é grandemente motivado pelo hormônio testosterona, que dá força, energia e desejo sexual. Esses níveis caem muito gradualmente a partir dos 25 anos, aproximadamente, e é normal que a maioria dos homens entre os 50 e os 60 anos tenha a sensibilidade da pele diminuída, resposta sexual mitigada e menor desejo sexual. As mulheres também são dirigidas pelos hormônios, parcialmente em ciclos flutuantes. Em cada ciclo menstrual os níveis de estrogênio, progesterona e, em grau muito menor, testosterona passam por mudanças regulares. Durante a menopausa (por volta dos 50 anos), esses níveis caem rápida e naturalmente, deixando um desejo sexual e uma sensibilidade física muito menores.

suplementos hormonais

As maravilhas da medicina moderna permitem que os homens tomem suplementos de testosterona e medicamentos como o Viagra para assegurar a continuidade de sua energia e capacidade de ter uma ereção. As mulheres também podem beneficiar-se da reposição hormonal quando passam pela menopausa, para manter sua energia e juventude. Incluem-se nessa reposição suplementos de testosterona para manter o desejo sexual e a sensação. Mulheres com histórico de câncer da mama na família não devem fazer reposição hormonal. Atualmente há uma série de substâncias disponíveis que ajudam a amenizar os efeitos da menopausa e prolongar a vida sexual (ver pp. 74-75), mas saiba que os benefícios do exercício físico também podem prolongar a atividade hormonal.

o básico da boa forma

Se você tiver uma vida muito sedentária, o ideal é fazer o seguinte:

• A cada duas horas e meia, deite-se com os ombros apoiados e os joelhos flexionados, por 20 minutos. Dessa forma, a pressão normal cotidiana sobre sua espinha é amenizada.

• Faça uma boa caminhada, preferencialmente em uma hora do dia em que não se sente exausto. Se trabalhar em um escritório, a hora do almoço é o momento mais óbvio para isso.

• Uma vez por semana, pratique uma atividade especial como o Pilates ou a natação, ou mesmo algo mais rigoroso, como *squash* ou tênis.

Dia 1

As **boas dietas**, seja para perder ou ganhar peso, começam com a desintoxicação do corpo. No Plano de 28 Dias, contamos bastante com vegetais verdes, em particular o repolho, para nos ajudar a limpar o sistema digestivo. O repolho enche a barriga, mas também age como diurético. Se você não gostar de repolho, pode substituí-lo por outros membros da família *brassica*, como couve-de-bruxelas, couve, brócolis ou couve-flor. Lembre-se de que a intenção do Plano é tornar sua digestão mais confortável, por isso, se algum alimento fizer você se sentir inchado, deixe-o de fora.

Além dos alimentos no menu diário, tome um bom suplemento vitamínico e mineral. Tome o suplemento apenas após uma refeição e preferencialmente com um copo de leite desnatado (ver nas pp. 74-75 conselhos sobre suplementos).

coma-me

Café da manhã	Um pedaço grande de fruta, como laranja, cidra doce ou meio melão. Banana NÃO.
Almoço	Sopa de vegetais (veja receita na p. 146); inclua cenouras, cogumelos, repolho picado (verde ou branco), uma batata média cortada fino, tudo bem fresquinho. Nada de pão.
Jantar	Cogumelos e tomates grelhados (tantos quantos puder comer) acompanhados por um quarto de repolho cozido (se acha que precisa de mais repolho para encher a barriga, é agora que vai conhecer a quantidade certa para você). A sobremesa consiste em amoras frescas, mas sem creme de leite nem açúcar.
Lanche *sexy*	Aipo cru. É antiinflamatório, ótimo se você estiver movendo bastante os braços e as pernas.

dica para a hora de dormir Se ainda estiver com fome na hora de dormir, beba um copo de água para encher a barriga.

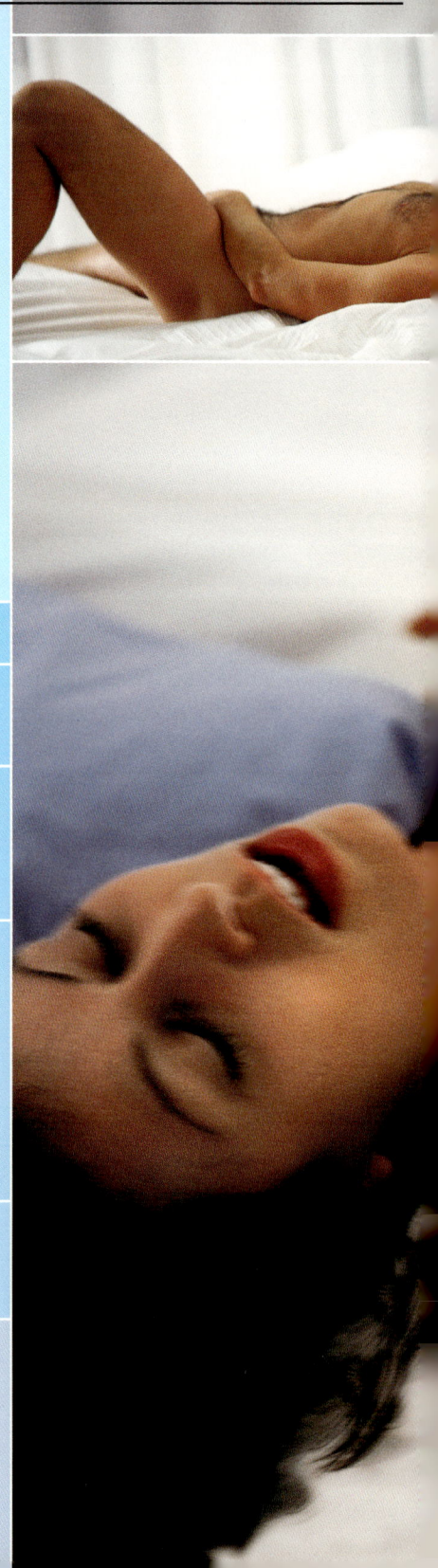

Primeira semana — DIA 1

agrade-se

Muitas pessoas se sentem surpreendentemente cheias após o primeiro dia. Por isso, talvez você não esteja no espírito para atividades acrobáticas com seu parceiro. Declare esta uma noite para si mesmo. Se você costuma dormir sozinho, não há nenhuma dificuldade nisso. Se dividir um quarto com o parceiro, peça algum tempo para si ou demore mais no banheiro. Mime seu corpo com um banho quente cheio de óleos perfumados e dê a si mesmo uma automassagem em um quarto quentinho. Deixe que a automassagem culmine em um clímax. Tente a autoestimulação em diversas posições, incluindo de quatro e de barriga. Exercite várias regiões diferentes do corpo antes de se permitir chegar ao orgasmo e ao maravilhoso descanso depois.

fulcro

Talvez você sinta que tem energia extra no fim deste segundo dia. Tente usá-la fazendo amor em turnos. Aqui, o homem deita de costas, enquanto sua amante se acocora ao lado dele, com um pé sobre a coxa oposta do homem. Com esse pé, ela mexe o corpo para cima e para baixo sobre o pênis dele. A mulher precisa de excelentes músculos nas coxas e mobilidade nos joelhos para fazer isso, mas se eles não forem muito bons, tente ajoelhar-se em vez de se acocorar. A vantagem dessa posição é que, se ela ainda não tiver chegado ao clímax, pode facilmente alcançar seus genitais e posicionar os dedos de forma a se esfregar neles a cada movimento.

Dia 2

ralando a noz-moscada

Nesta posição com o homem por cima, chamada Ralando a Noz-Moscada, a mulher deita de costas com o homem por cima, no estilo Missionário. Mas em vez de fazer movimentos para dentro e para fora, o homem faz pressão com a pélvis contra a dela e se move de um lado para o outro e dando voltas, de modo que o clitóris seja massageado, semelhante ao movimento de ralar uma noz-moscada. Essa posição muito provavelmente a levará ao orgasmo ou muito próximo dele.

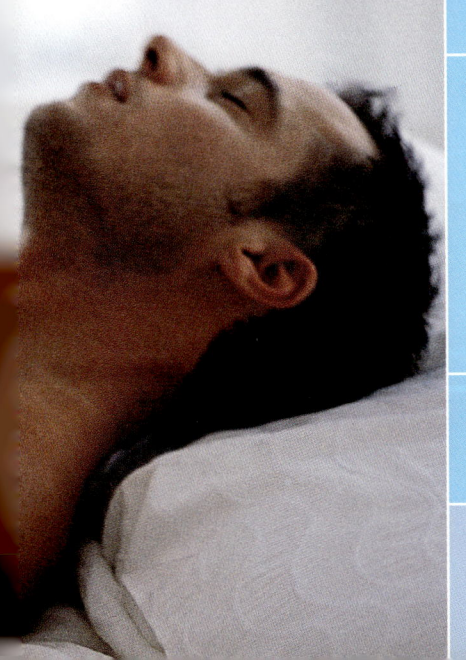

O OBJETIVO DESTE LIVRO é encorajar a boa forma pela sexualidade e um sexo ótimo por meio da boa forma. É uma noção de gangorra, em que um beneficia o outro. Quando você começar a se sentir melhor (e, possivelmente, mais magro), perceberá que seu corpo anseia por mais toque e responde a ele com maior vivacidade. Por isso, passe muito mais tempo nas carícias. Conforme seu corpo se desintoxica por você ter cortado a maior parte (mas não totalmente) das gorduras, açúcares, trigo e derivados de leite, notará que tem mais energia. Use-a para proporcionar a seu adorado parceiro uma maravilhosa gostosura de corpo inteiro.

Passe bastante tempo acariciando o corpo de seu parceiro antes de se aproximar de qualquer lugar próximo à região genital. Ele ficará literalmente em chamas com a sensualidade por todo o corpo antes que quaisquer avanços especificamente sexuais sejam feitos. Como resultado, os eventuais clímaxes que vocês terão serão muito mais longos, fortes e poderosos.

coma-me

Café da manhã	Uma porção grande de fruta, como maçã grande ou um pequeno cacho de uvas.
Almoço	Hortaliças frescas, cruas ou até em lata. Tente incluir repolho cru picado e outras folhas verdes. Fique longe de feijão, ervilha e milho.
Jantar	Repolho roxo frito em um tacho com maçã ralada, uma pitada de vinagre balsâmico e sementes de girassol, cozido em bastante azeite de oliva. Tempere com pouco sal. Sirva com uma grande batata assada e coma até se sentir satisfeito. Não coma mais frutas hoje. Reserve parte da mistura de repolho para amanhã. Ela se conserva bem em um recipiente tampado e fica deliciosa fria.
Lanche *sexy*	Uma tigela de legumes frescos cortados em palitos ou florzinhas — cenoura, aipo, pimentão vermelho e couve-flor crua.

Bebidas: beba apenas chá, café preto ou água hoje — nada de suco de frutas.

Dia 3

A CAÇAROLA DE REPOLHO é o ingrediente fundamental do 3° Dia (veja a receita na p. 146). Prepare-a no início do dia ou na noite anterior para poder comê-la assim que chegar em casa à noite. O planejamento é crucial se você quiser parar de "beliscar" doces e biscoitos. É possível fazer uma quantidade maior e guardar o resto na geladeira, ou armazená-la em um recipiente térmico, se quiser comer fora de casa.

Se não tiver trapaceado durante esses primeiros três dias, terá perdido pouco mais de dois quilos. Você não vai perder peso de repente em uma Dieta Sexual — o consumo de comida junto com o exercício faz com que a perda de peso seja gradual. Nas primeiras semanas todo o trigo é completamente cortado da dieta. As bebidas são o café ou chá (sem açúcar) de sempre, ou água.

1. Comecem na posição básica do coito, com um dos parceiros por cima. O que está por baixo deve ter as duas pernas entre as do parceiro.

coma-me

Café da manhã	Uma porção grande de fruta. Um pêssego, meio melão, uma maçã grande ou três ou quatro ameixas secas.
Almoço	Coma uma salada variada que inclua repolho picado, cenoura ralada, tomates cereja, uma porção de folhas diferentes e sementes de girassol. Se você for mulher e tiver mais de 40 anos, adicione uma pitada de sementes de linhaça.
Jantar	Coma tanta caçarola de repolho quanto conseguir. Qualquer tipo de fruta é uma boa sobremesa. Se ainda estiver com fome, coma mais da salada descrita acima. Pode usar um pouco de molho de salada, mas atenção às marcas — algumas são cheias de calorias, outras nem tanto. Opte pelas menos calóricas, mas não coma nada de que não goste.
Lanche *sexy*	Se quiser algo pra mastigar, tente biscoitos de arroz, que são muito pobres em calorias.

2. O parceiro que estiver por cima ergue primeiro a perna esquerda e depois a direita sobre a perna direita do parceiro, sem deixar que o pênis saia da vagina.

3. Apoiando-se nos braços, o parceiro de cima move as duas pernas para a esquerda, até que seu corpo esteja em um ângulo reto com o de seu parceiro.

a posição giratória

Esta divertida posição apareceu pela primeira vez no *Kama Sutra* por volta do século IV d.C. O parceiro que está por cima (que pode ser o homem ou a mulher) faz uma volta de 180 graus sem deixar que o pênis saia da vagina nenhuma vez. Para conseguir fazer a volta, o que está por cima (aqui, a mulher) precisa se inclinar sobre os braços, o que exige toda a força que ela tiver neles. Ao mesmo tempo, com muito cuidado, ela ergue as pernas em um semicírculo, uma após a outra. Para fazê-lo sem dar a seu parceiro um chute inesperado no rosto, você tem que conseguir erguer as pernas e mantê-las em uma posição elevada pelo tempo que for preciso (veja nas pp. 22-23 os exercícios do Pilates para pernas e nádegas que ajudarão no equilíbrio e no fortalecimento dos músculos relevantes).

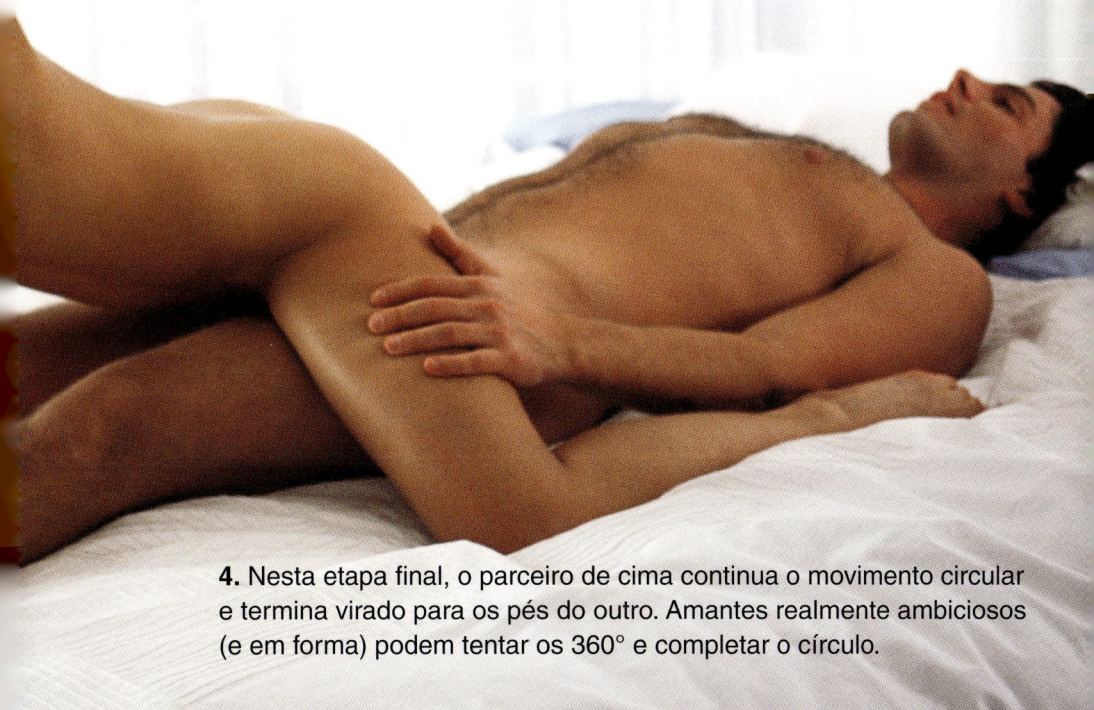

4. Nesta etapa final, o parceiro de cima continua o movimento circular e termina virado para os pés do outro. Amantes realmente ambiciosos (e em forma) podem tentar os 360° e completar o círculo.

Uma das dificuldades das dietas é que qualquer regime alimentar em que só se possa ingerir determinados alimentos significa que seu corpo começará a sentir falta de certas vitaminas e minerais importantes. É por isso que recomendo uma dose diária de suplementos para proteger sua saúde e é também porque aponto alguns dias em que você pode ingerir determinadas substâncias alimentares para equilibrar seu processo digestivo.

A banana recomendada aqui é para ser comida, e não usada para fins sexuais — desculpe desapontar! No Quarto Dia você pode comer quantas bananas e tomar quantos copos de leite desnatado conseguir. Bananas são ricas em calorias e carboidratos, assim como o leite, mas neste dia em particular seu corpo necessitará de potássio, carboidratos e cálcio para diminuir sua vontade de açúcar.

coma-me

Café da manhã	Bananas e leite desnatado — tanto quanto puder comer e beber.
Almoço	A salada variada de sempre, completa com sementes e repolho picado e pouco molho. A sobremesa pode ser bananas e leite.
Jantar	Noite Branca. Repolho branco frito no tacho, em um pouco de óleo virgem de oliva, com um pouco de alho para dar gosto, alho-poró e cogumelos cortados, mais um pouquinho de sal. Logo antes de servir, adicione uma pitada de alcaravia. Sirva com feijão-branco simples aquecido. Como sobremesa, bananas regadas com suco de limão e um pouquinho de açúcar mascavo. Coloque no microondas por um minuto na potência média.
Lanche *sexy*	Sem surpresas — são as frutas amarelas e curvas.

dica de dieta: Anote cada alimento que puser na boca. Isso pode ser utilíssimo para fazer você parar e pensar sobre o que come.

a posição circundante

Esta postura só será realmente possível se você for flexível, por isso tente fazê-la com cuidado. A pressão do corpo do homem contra os calcanhares cruzados da mulher é tanta, que provavelmente as juntas do joelho dela serão empurradas para fora e sua pélvis se abrirá bem conforme ele empurra. Se a posição circundante começar a DOER, peça ao parceiro que levante. E pratique o enrolamento (ver p. 35) e o *Plié* (ver p. 29) para que suas costas e joelhos fiquem mais ágeis.

Enquanto está de costas, a mulher ergue os pés da cama e cruza os tornozelos, com as pernas em uma forma de diamante. O homem, então, se deita sobre ela e a penetra, movimentando-se contra os tornozelos cruzados.

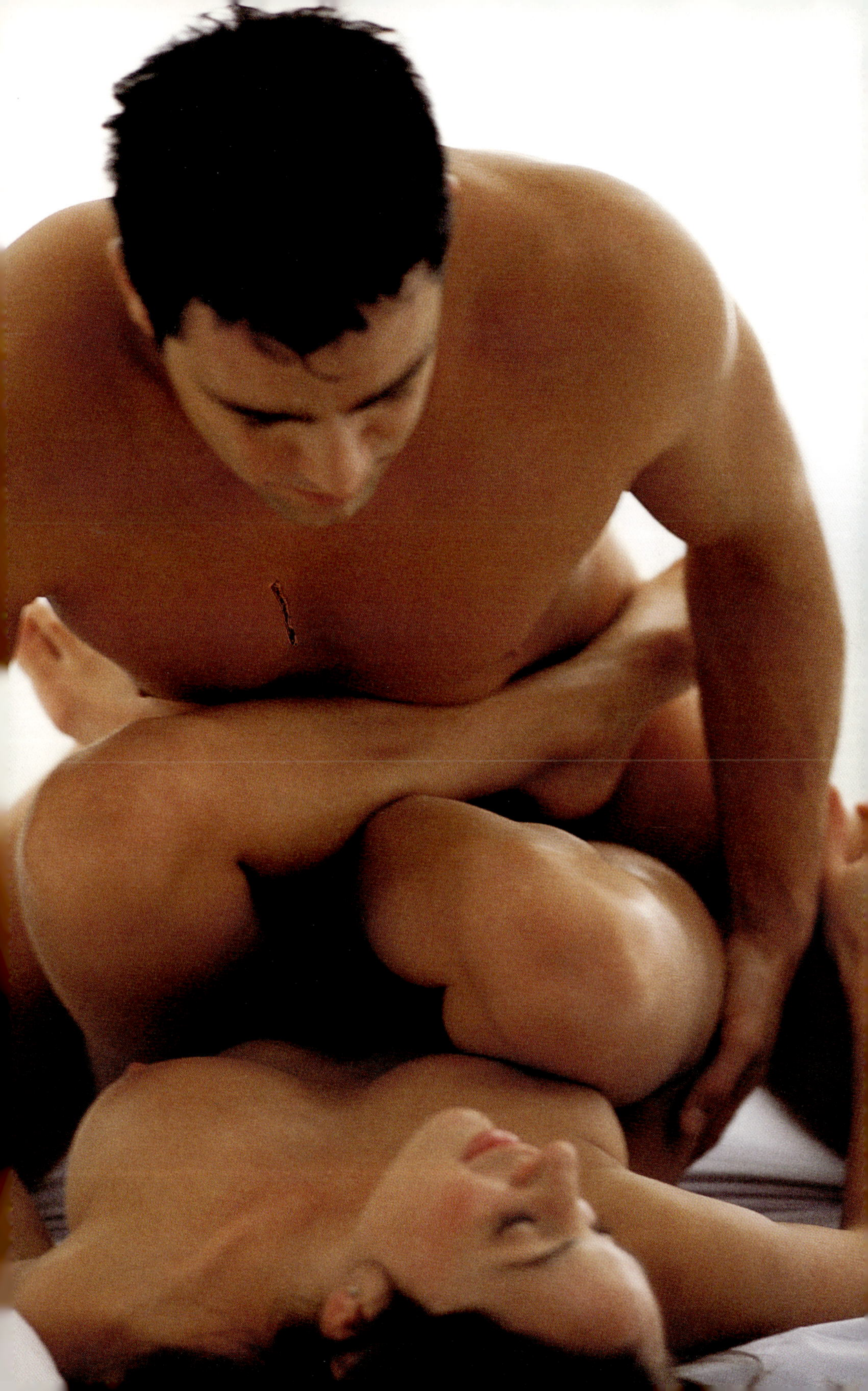

Dia 5

uma massagem sensual

Depois de ficar sem comer carne por uma semana, é surpreendente como uma grande porção de carne pesa no estômago. Ela leva muito mais tempo para passar pelo sistema digestivo que os vegetais. Hoje não é dia para um intercurso energético, mas para levar as coisas com calma. Uma massagem sensual (evitando a região do abdômen) satisfaz a necessidade da pele pelo toque e é um exercício para a pessoa que massageia.

Esperem uma hora depois da refeição. Uma boa massagem se faz em um quarto quentinho, com mãos mornas e óleo de massagem aquecido (não fervente).

Círculos

O movimento mais útil para a massagem sensorial é o circular. Com as palmas estendidas, faça movimentos circulares com as mãos da espinha para as laterais do corpo. Você pode subir e descer pelo corpo com esses círculos. Faça cada movimento em câmera lenta. Quanto mais lenta a massagem, mais *sexy*. Depois de ter passado o óleo, nunca tire completamente as duas mãos da pele.

Dia 5

Você deve ter notado que nos últimos quatro dias você comeu quase que exclusivamente vegetais e frutas. Isso foi feito porque eles são muito mais fáceis de digerir que carne, e as fibras dos vegetais ajudam a limpá-lo por dentro. Mas não é bom ficar completamente sem proteína.

Há uma escola de pensamento que acredita que a melhor dieta para nós é a do homem das cavernas, pois foi com essa dieta que houve a evolução. Os homens das cavernas comiam principalmente brotos frescos, raízes e frutas. De vez em quando apanhavam peixes e mais ou menos uma vez por mês havia uma caça e algum animal grande era comido. O Plano de 28 Dias segue esse regime natural e, no Quinto Dia, podemos comer uma porção de carne magra. Escolhemos carne de vaca porque tem muita proteína e relativamente pouca gordura.

A escorregada

Um último e espetacular movimento é a escorregada. Nele, você fica a cavalo sobre as coxas de seu parceiro, coloca as palmas ao lado das nádegas dele e se inclina sobre as mãos. Deixe que o peso de seu corpo empurre suas mãos sobre o bumbum e pelas costas, até parar nos ombros. Puxe-as então para os lados, passando pelos braços. A sensação é absolutamente maravilhosa.

coma-me

Café da manhã	Faça uma grande papinha. Amasse frutas como manga, papaia, laranja, morangos e qualquer uma de que gostar, exceto banana. Isso prepara seu sistema digestivo para a primeira carne que comerá na semana. NÃO acrescente açúcar.
Almoço	Escolha salada de repolho cortada ou, se quiser variar um pouco, algum resto (ou faça mais) de caçarola de legumes. Tanto quanto conseguir comer. Nada de frutas.
Jantar	Carne e tomates. Coma até 500 g de carne e uma lata de molho de tomates, ou no máximo seis tomates frescos. Beba até seis copos de água hoje para dissolver o ácido úrico. Não coma mais frutas.
Lanche *sexy*	Escalde alguns talos ou pontas de aspargo, para que fiquem cozidos, mas não molengas. Eles agem como um diurético, expulsando fluidos excessivos de seu corpo.

Dia 6

Hoje é dia de um peixe gordo. O Plano de 28 Dias é uma dieta de queima de gordura, mas essa é uma queima moderada. O segredo, na primeira semana, é que você queime mais calorias do que ingere. Mas um pouco de gordura é necessário na dieta saudável, e além disso os nutricionistas dizem que devemos comer porções de peixe gordo regularmente. Os óleos do peixe não servem apenas para afastar tosses e resfriados, mas também protegem do reumatismo e de alguns tipos de artrite.

Também se acredita que o peixe seja bom para o cérebro. Nossos exercícios de hoje têm como objetivo aumentar a concentração sexual. Assim, comeremos peixe gordo, como salmão ou cavala. Ainda ingeriremos valiosas proteínas desse modo, além dos valiosos óleos do peixe. Se você odiar peixe mais do que tudo, coma uma segunda porção de carne, mas lembre-se de suplementar a dieta com cápsulas de óleo de peixe.

coma-me

Café da manhã	Uma laranja doce, mas sem açúcar a mais.
Almoço	Chicória, salada de laranjas doces e feijão-branco com sementes de girassol para dar uma sensação crocante.
Jantar	Salmão ou cavala preparados no microondas. Esse processo de cozimento preserva os óleos naturais do peixe, mas é necessário pôr uma tampa ou cobertura (não metálicas) para evitar respingamento. Sirva com as folhas verdes que quiser, especialmente brócolis. A sobremesa são morangos cortados misturados com amoras e uma pitadinha de açúcar mascavo.
Lanche *sexy*	Prepare com antecedência saquinhos de sementes mistas, como de abóbora e girassol, para "beliscar" em momentos de fome.

a roda de *kama*

Esta posição usa o sexo como uma espécie de meditação, segundo a teoria de que ele pode nos trazer um alto nível de consciência, uma agudeza de apetite e uma sensação maior de bem-estar. O objetivo do exercício não é aumentar a sensação erótica ou chegar ao orgasmo. Mais do que isso: é atingir um equilíbrio mental puro, calmo e feliz.

O homem senta com as pernas afastadas e esticadas e sua parceira senta sobre seu pênis, passando as pernas por cima das dele. Ele põe as mãos nas laterais do corpo dela, mantendo-as retas. Desse modo, ele completa um padrão dos membros semelhante aos raios de uma roda, o que dá a essa posição o seu nome. O casal balança delicadamente, proporcionando apenas sensação suficiente para manter a ereção e para sentir a harmonia mental.

"Nunca, jamais sirva ostras em um mês que não tenha um cheque para receber."

P. J. O'Rourke

Día 6

Dia 7

Se você não trapaceou, deverá ter perdido entre 2 e 3 quilos no final da primeira semana. Seu sistema terá sido limpo de qualquer matéria alimentícia que estivesse atrapalhando sua digestão e você terá evitado todos os produtos com trigo e a maioria dos laticínios. Isso significa que agora seu corpo está totalmente desintoxicado. Se perceber que está se apoiando demais em xícaras de chá e café para afastar as dores da fome, é bom tentar, na segunda semana, substituí-los por chás de ervas, facilmente encontrados. Um pouco de chá e café é *bom para você*.

Se estiver se sentindo satisfeito com seu progresso até agora, pode se recompensar na refeição noturna com uma taça de vinho tinto ou um pouco de chocolate. Compre o chocolate mais simples e de melhor qualidade que puder. Mas limite-se a 100 g.

coma-me

Café da manhã	Salada de frutas frescas.
Almoço	Batatas frescas recém-cozidas, puxadas no azeite com manjericão cortado, acompanhadas por um prato de delicioso repolho cortado, cenoura e maçã, regados com suco de limão. Tanto quanto puder comer.
Jantar	Seu segundo dia de carne. Coma uma porção menor de bife nesta refeição, acompanhado por tomates grelhados e repolho cozido simples, servido com uma colherzinha (bem pequena) de margarina vegetal *light*. A sobremesa pode ser frutas frescas ou uma porção pequena de frutas em lata, desde que sejam enlatadas em suco e NÃO em calda.
Lanche *sexy*	Dedos de maçã: pedaços de maçã sem casca, regados com suco de limão para evitar o escurecimento.

dica alimentar: Beba ao menos seis copos de água hoje para lavar o ácido úrico do corpo.

a tesoura

Esta posição é ótima para homens e mulheres que queiram ter tanta sensação quanto possível no coito. Ela tem muito potencial para ser boa: portanto, é adequado que seja a recompensa por permanecer fiel à primeira semana do Plano de 28 Dias.

A mulher se deita de costas no chão com as pernas esticadas. O homem a penetra por cima, com as pernas tão esticadas quanto possível. Uma vez que ele esteja dentro dela, ela fecha bem as pernas, de modo que ele esteja penetrando tanto suas coxas quanto sua vagina. Isso duplica a sensação sensual que ele recebe e concentra a sensibilidade dela. A sensação mais longa da retirada quando ele se afasta dela pode ser extremamente erótica.

Primeira semana

Dia 7

use sua energia sexual

Uma das vantagens de não estar cheio demais é que você se sente com mais energia. Hoje, portanto, pode ser um bom dia para usar o corpo ativamente para agradar um ao outro. Comecem com uma posição em que a mulher vai por cima, descrita no *Kama Sutra* como Pinça.

Com as pernas flexionadas, a mulher senta a cavalo sobre o homem, de frente para ele, que está deitado de costas. Ela guia o pênis para dentro de si e, repetidamente apertando-o com os músculos da vagina, move-se muito lentamente para cima e para baixo, sem parar de apertar por dentro. Parece um exercício suave, mas na verdade, é necessário um controle muscular muito preciso nas coxas e nádegas. Amanhã, é a vez de o homem fazer o papel ativo.

Dia 8

Segunda semana

> "Outras coisas são apenas comida. Mas chocolate é chocolate."
>
> Patrick Skene Catling

Na segunda semana você começa a perceber o padrão que sua alimentação começou a tomar. Hoje, ela volta a um padrão semelhante ao do Primeiro Dia.

A dieta corta a maior parte das gorduras, é restrita a vegetais por quatro dos sete dias e, enquanto você estiver tentando perder peso, diz como deve comer esses vegetais (nem sempre se pode ingerir batatas, assim como legumes; apenas ocasionalmente). Nem sempre se podem comer frutas como sobremesa ou lanche, porque elas contêm frutose, um açúcar natural. Você também deve ter percebido que cortou trigo e laticínios, exceto o leite. Sua digestão deve estar mais confortável e a alta quantidade de fibras nos vegetais e frutas deve indicar que a expulsão de dejetos está funcionando bem.

coma-me

Café da manhã	Uma porção grande de fruta (banana não). Frutas cítricas são boas porque enchem a barriga e têm fibras. Não tenha medo de comer uma parte do bagaço, ele faz bem para suas entranhas.
Almoço	Uma grande salada com um sortimento de folhas, repolho roxo picado, uma maçã fatiada, feijão branco enlatado e uma pitada de sementes de girassol. Acrescente um pouco de pimentão vermelho picado para auxiliar na digestão. Não use tempero nem pão.
Jantar	Cozinhe ligeiramente um maço grande de aspargo em água levemente salgada e sirva com um pouco de margarina derivada de azeite de oliva, mais vagem e tanto repolho cozido quanto aguentar. A sobremesa serão morangos frescos picados, de preferência sem açúcar. Se você estiver morrendo de vontade de algo doce, salpique um adoçante em pó. Se tiver comido repolho bastante, não deverá ter fome depois disso.
Lanche *sexy*	Se ainda se sentir com fome depois de seu dia cheio de vegetais e sem proteínas, coma um biscoito de arroz com uma fina camada de patê de ricota.

dica alimentar: Você pode substituir o repolho por brócolis ou couve-flor, se preferir.

Dia 9

O Plano de 28 Dias

O CARDÁPIO DE HOJE SEGUE o padrão do Segundo Dia. É um dia de legumes, um pouco de carboidrato, mas sem frutas. Na segunda semana, ainda estamos tentando perder peso, e este dia é uma das ocasiões de maior perda de peso. Se esse não for o seu objetivo ao seguir esta dieta, mas apenas manter o peso sem deixar de comer coisas saudáveis, pode acrescentar frutas, mas nada mais. Não se esqueça de tomar seus suplementos de minerais e vitaminas para se encher de energia saudável!

Se tiver fome entre as refeições, tome um copo d'água, mas não beba mais que cinco copos de líquido durante o dia. Excesso de água pode deixar você inchado, por isso preste atenção em sua ingestão de líquidos.

coma-me

Café da manhã	Uma tigela grande de flocos de milho simples com bastante leite desnatado. Nada de açúcar ou frutas.
Almoço	Uma salada mista crocante.
Jantar	Noite Branca, repolho preparado no tacho (ver p. 96).
Lanche *sexy*	Prepare palitos de aipo, pepino e cenoura, guardando-os em uma vasilha com tampa para "beliscar" quando tiver vontade.

bebidas: Beba apenas chá, café preto ou água hoje — nada de sucos de frutas.

Segunda semana — Dia 9

apertando o corpo dela

Hoje é a vez de o homem ficar sexualmente ativo, o que pode ser feito com uma posição chamada Apertando o Corpo Dela, na qual ele fica por cima. Apertando o Corpo Dela consiste na mulher deitada de costas com o homem estendido sobre ela, rosto a rosto. A maior parte do corpo dele toca a maior parte do corpo dela! As pernas dela estão ligeiramente abertas e as dele ficam no meio. O ritmo imprimido por ele depende de costas flexíveis e de um bom controle das coxas e nádegas, enquanto todo o movimento tem seu eixo nos joelhos. Ele também vai precisar de antebraços fortes para erguer levemente o corpo, para não esmagar a parceira com seu peso.

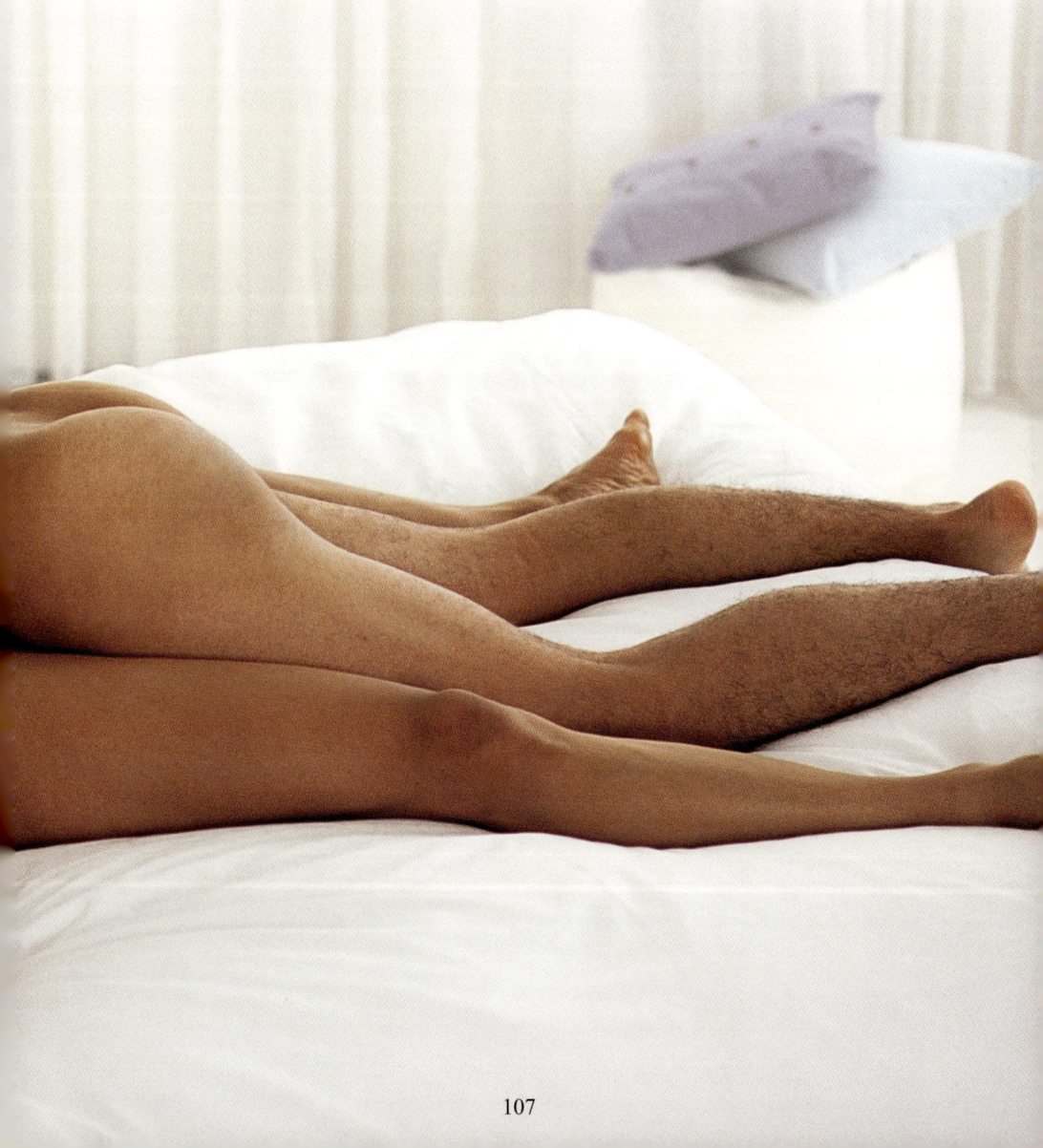

Dia 10

Assim como no Terceiro Dia, este é outro dia especial para perda de peso. Você precisará da ajuda generosa da receita de Caçarola de Repolho (ver p. 146); talvez seja mais fácil prepará-la na noite anterior para que esteja disponível à hora das refeições.

A caçarola será sua maior fonte alimentar hoje. Como esta é a segunda semana do Plano, faça experiências com a receita, acrescentando ervas e temperos para que fique a seu gosto. Tomates e outros vegetais podem ser acrescentados, mas lembre-se de que milho, ervilhas e beterraba não são recomendados, pois são abarrotados de açúcar natural. Se você quiser dar sabor com cubinhos de caldo, confira a quantidade de gordura. Evite caldo de galinha, pois geralmene é rico em gordura.

> "Nunca coma mais do que pode carregar."
>
> Miss Piggy

coma-me

Café da manhã	Metade de um melão doce grande ou várias fatias de melancia. Não se preocupe se engolir as sementes — elas servem para empurrar os dejetos e são nutritivas.
Almoço	Consiste em tanta caçarola de repolho quanto você puder comer (ver receita na p. 146). Prepare com antecedência. Não suplemente com pão ou massa. Não se esqueça de que massas são feitas com farinha de trigo e que nesta segunda semana o trigo ainda está banido do cardápio. Se ainda tiver fome, coma mais caçarola.
Jantar	Como este é um dia especial para perda de peso, o jantar será mais caçarola de repolho e a mesma regra (do almoço) se aplica. Não acrescente batata, pão ou massa. Em vez disso, sirva-se de mais caçarola. Coma uma fruta de sobremesa. Pode ser a segunda metade do melão ou salada de frutas frescas, mas sem açúcar ou creme de leite.
Lanche *sexy*	Coloque punhados de sementes em saquinhhos e coma-as quando vier aquela vontade de "beliscar."

DIA 10

acalmando o peito selvagem

Hoje e amanhã vocês vão usar o método de Betty Dodson de substituir uma atividade agradável por outra. Distraiam sua vontade de açúcar ou gordura dando a seu corpo uma quantidade maciça de atenção tátil.

Hoje a mulher massageia o homem, usando movimentos de massagem firmes e fortes (ver sugestões nas pp. 24-25) e passa pelo menos meia hora apalpando o corpo dele inteiro, na frente e nas costas. No final da massagem corporal completa, ela passa a massagear os genitais dele, terminando com o orgasmo ou, se vocês não gostarem de fazer isso com a masturbação mútua, podem passar ao coito. A massagem genital é muito semelhante a qualquer outra, no sentido de que demanda experiências com diferentes movimentos e pressões. Os genitais precisam estar escorregadios, por isso não tenha receio de usar óleo de massagem ou lubrificantes especiais.

Dia 11

Hoje é o último dia restrito a vegetais da Segunda Semana. Assim como no Quarto Dia da semana anterior, você pode comer tantas bananas e beber tanto leite desnatado quanto conseguir. É ótimo para preencher quaisquer cantinhos que tenham ficado vazios de fome e satisfazer suas necessidades semanais de potássio e cálcio.

É preciso tomar suplementos TODOS os dias no Plano de 28 Dias. Minhas menções ocasionais são simples lembretes. Dado o alto conteúdo de vitaminas e minerais dos vegetais, muitos dos quais comerá durante o Plano, você provavelmente ficará bem, mas o Plano de 28 Dias não quer deixar nada ao acaso!

Segunda semana   DIA 11

coma-me

Café da manhã	Bananas com leite desnatado. Hoje você pode tomar suas vitaminas e minerais com água ou com leite desnatado.
Almoço	Uma grande salada crua de folhas, repolho roxo cortado fino, aipo vermelho fresco ralado (raiz de aipo), cenoura e — se você não tiver alergia — uma pitada de nozes grosseiramente picadas, com molho de baixas calorias.
Jantar	*Mussaka* de repolho (veja receita na p. 147). Esse nutritivo prato vegetariano leva apenas uns 15 minutos para ficar pronto (incluindo o pré-cozimento dos legumes) e mais 30 minutos para assar. A caçarola pode ser seguida por uma sobremesa de bananas.
Lanche *sexy*	Melão — bastante. Deixe fora da geladeira para que amadureça e fique bem doce.

dica: O melhor molho para a salada é um bom azeite de oliva e vinagre balsâmico, com poucos condimentos.

alimentando a pele dela

Segundo os mesmos princípios de ontem, hoje é uma ocasião para o toque. Comecem cobrindo o corpo de ambos com óleo de massagem e literalmente rolem um sobre o outro para que o corpo de um massageie o do outro apenas com o torso. Depois de terem coberto tanta pele quanto for humanamente possível com essa massagem nada convencional, é a vez de ele dar boas apertadas nela. Cubra o corpo dela, na frente e nas costas, com uma massagem firme, mas delicada (veja detalhes nas pp. 24-25), não esquecendo de incluir os membros, mãos e pés. Termine com uma massagem genital com diferentes movimentos e pressões aplicadas de modo particularmente rítmico. Ela pode atingir o orgasmo desse modo ou vocês podem preferir terminar com o intercurso.

Dia 12

O Plano de 28 Dias

Este é o dia em que, como devem ter feito seus ancestrais das cavernas, você suplementa sua dieta quase exclusivamente vegetal com um pouco de proteína. Felizmente, não é preciso sair e abater o animal com arco e flecha, mas suspeito que você goste de sua grande porção de carne vermelha magra tanto quanto os pais e mães de seu clã! Não se esqueça: o corpo leva mais tempo para digerir a carne do que leva para os vegetais. Por causa disso, é bom fazer essa refeição noturna mais cedo que o habitual para dar aos ácidos de seu estômago um pouco mais de tempo para quebrar as proteínas da carne antes da hora de dormir.

coma-me

Café da manhã	Misture quaisquer das seguintes frutas: manga, pêssego, damasco, papaia, morango, amora, groselha e leite desnatado. Acrescente meia banana para engrossar e um pouco de suco de limão para dar gosto. Mas NADA de açúcar.
Almoço	Escolha entre salada fresca ou, se preferir, uma porção de *mussaka* de repolho, preparado na noite anterior (veja receita na p. 147). O resto da caçarola pode ser guardado como um legume para acompanhar a refeição desta noite.
Jantar	Carne e tomates. Pode comer até 500 g de carne e uma lata de molho de tomates, ou no máximo seis tomates frescos, além de repolho de qualquer jeito. Tente beber uns cinco copos de água hoje para dissolver o ácido úrico em seu corpo. Não coma mais frutas hoje.
Lanche *sexy*	Palitos de cenoura, pepino e aipo.

Segunda semana   DIA 12

posição do missionário

Considerando que sua digestão está mais lenta hoje, devido à carne que está digerindo, o sexo precisa ser relaxado e fácil. A Posição do Missionário é a ideal, além de ter a vantagem de ser feita face a face; assim vocês podem se beijar e ser tão românticos quanto quiserem um com o outro. Veja a Posição do Missionário e suas variações nas pp. 48-53.

provoque ou seja provocado!

O objetivo deste exercício é dar a seu parceiro uma estimulação sensorial incrível, enquanto faz o possível para resistir aos esforços dele sobre você. A maioria dos homens e mulheres gosta que o outro mexa em suas zonas erógenas durante o intercurso, já que isso torna toda a experiência muito mais erótica. Por isso, homens, se estiverem penetrando sua parceira por trás, passem a mão para a frente dela e estimulem seu clitóris. Mulheres, se estiverem por cima e se movendo tão rápido quanto conseguem, aumentem o estímulo dele agarrando a base do pênis e deixando sua mão escorregar para cima e para baixo, no mesmo ritmo de seus movimentos. Quanto mais você puder segurar seu orgasmo, mais tempo de penetração vão conseguir e maior será o exercício aeróbico. Porém... não vamos esquecer que o sexo não é uma competição, mas uma brincadeira. E algumas das melhores experiências permitem que ao menos um de vocês seja o vencedor!

Segunda semana

Dia 13

A COMBINAÇÃO DE QUASE duas semanas de alimentação cuidadosa, alimentos frescos e alguma perda de peso provavelmente fez com que VOCÊ, não apenas seu corpo, se sentisse diferente. Quando nos sentimos mais em forma, nos olhamos no espelho com novos olhos. Vemos alguém que, de repente, percebemos como mais atraente, ou cheio de energia, ou flexível. Podemos nos sentir vivos o bastante para sair para dançar, para praticar acrobacias, ou para ir a pé à aula de ioga em vez de usar o carro.

De fato, quanto mais sucesso você sente em si, mais satisfeito fica consigo mesmo e mais provavelmente vai querer celebrar sexualmente. Suas instruções para hoje, portanto, são fazer o sexo durar tanto quanto possível, mesmo se seu parceiro estiver fazendo todo o possível para que você atinja o clímax. Isso vai ser bem divertido!

coma-me

Café da manhã	Uma laranja doce, SEM açúcar.
Almoço	Tomates grelhados e feijão cozido sem gordura (a variedade de baixa caloria).
Jantar	Como no Sexto Dia, o jantar de hoje consiste em peixe, preferencialmente um gordo. Pode ser salmão ou cavala. Se preferir uma carne branca mais firme, pense em linguado ou solha. Cozinhe o peixe no microondas ou grelhe-o. Sirva com brócolis cozido, uma salada verde fresca (que inclua repolho branco cortado) e algumas batatinhas novas. A sobremesa consiste em pêssegos descascados cortados ao meio ou em fatias, salpicados com um pouco de açúcar mascavo e assados na grelha. Se não conseguir pêssegos frescos, use os enlatados, desde que não sejam em calda, mas em suco.
Lanche *sexy*	Pipoca feita na hora, sem manteiga ou açúcar.

Dia 14   O Plano de 28 Dias

No final desta segunda semana, o Plano de 28 Dias já deve estar penetrando em seu inconsciente. O objetivo é tornar a rotina semanal de legumes e frutas — e, mais para o fim da semana, carne — automática. Parte do padrão é planejar com antecedência e ter em mente quais compras de alimentos devem ser feitas, chegando ao ponto de saber quando será preciso cozinhar com antecedência e quando se poderá comer imediatamente. Claro, comer imediatamente depende de ter sempre os alimentos certos na despensa. Isso não significa se satisfazer com uma barra de chocolate!

Hoje é o último dia em que o trigo e os laticínios (exceto o leite desnatado) estarão totalmente cortados. Por isso, se sentir que o cardápio só satizfaz parcialmente, tenha calma. A semana que vem será mais satisfatória. Parte da rotina de hoje é dar uma longa caminhada ao ar livre, de preferência em um parque ou no campo, para que o corpo seja inteiramente exercitado enquanto você usufrui de uma bela paisagem. Há muitos modos de satisfazer os sentidos, e fazer diferentes tipos de exercício durante o Plano é extremamente importante.

toque de carinho

Não há posição hoje. Este é o dia do descanso — o dia em que vocês dois se abraçam, ficam bem pertinho um do outro e falam intimamente do que fizeram durante o dia. O sexo melhora quando não é feito todos ou dias da semana — por isso, este é seu dia de folga.

Segunda semana **Dia 14**

coma-me

Café da manhã	Aveia crua, salada de frutas frescas e suco de frutas.
Almoço	Arroz cozido em caldo, com salsinha e coentro.
Jantar	Seu segundo dia de carne da semana. Nesta refeição coma uma porção menor de bife, acompanhada por tomates grelhados e vagem fresca (para variar) servidos com uma colherinha (pequena) de margarina vegetal *light*. A sobremesa pode ser uma fruta fresca ou uma porção pequena de fruta em lata, desde que seja em suco e NÃO em calda. Você pode acompanhar a refeição com uma taça de bom vinho tinto, mas não é obrigatório.
lanche *sexy*	Morangos firmes, lavados, mas ainda com o cabinho.

dica alimentar: Empórios de produtos naturais vendem bastões de alcaçuz. Para enganar a fome, tente mascá-los. Eles não são muito nutritivos, mas têm um gosto bom e o fluxo de saliva que causam acaba por satisfazer o estômago.

Dia 15

"Melancia — é uma boa fruta. Você come, você bebe, você lava o rosto."

Enrico Caruso

penetração mais profunda

Para aumentar a flexibilidade das coxas dela e das coxas e bumbum dele, tente uma das posições de penetração profunda. Vocês podem experimentar esta versão da Posição do Missionário, em que ela deita de costas com as pernas erguidas e os pés apoiados nos ombros dele. Essa postura faz com que ela se sinta agradavelmente indefesa, enquanto ele se beneficia com a novidade da posição. O ponto G dela pode ser estimulado; lembre-se de que o ponto G reage melhor a pulsações firmes de pressão que à fricção dos movimentos do coito. Se ela não sentir prazer desse jeito, o ato amoroso pode ser terminado com a Posição do Missionário convencional (ver pp. 48-53).

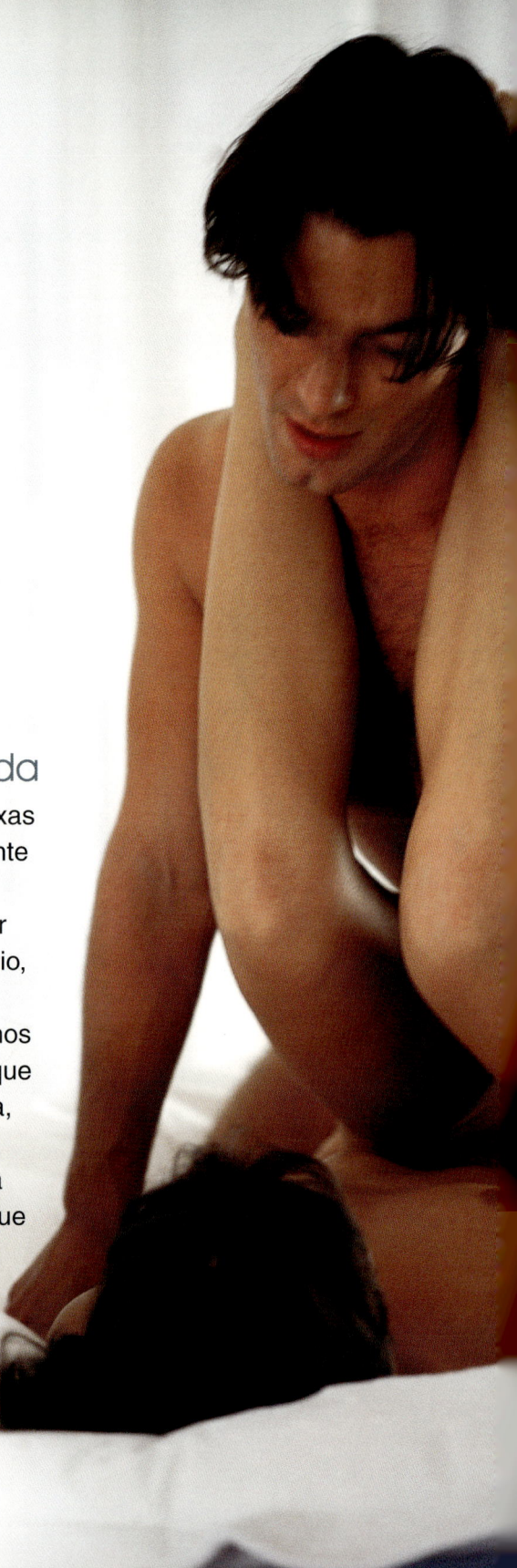

Dia 15

Pelas últimas duas semanas você comeu de forma saudável e provavelmente perdeu um pouco de peso. Comece a terceira semana se pesando. Se tiver seguido o Plano à risca, deve ter perdido de 4 a 6 quilos. É hora de reajustar sua alimentação, sem interromper o padrão já estabelecido. Você continuará a emagrecer e, assim que atingir um peso saudável, procure mantê-lo.

Durante as últimas duas semanas, todos os produtos derivados de trigo e a maior parte dos laticínios, com exceção do leite, foram eliminados de sua dieta. Após desintoxicar seu sistema do trigo, nesta semana você voltará a introduzi-lo. Provavelmente, não terá problemas para digeri-lo, mas se, como eu, perceber que seu estômago incha quase imediatamente depois de ingerir derivados de trigo, essa é uma notícia útil, mesmo que desagradável. Você pode adorar pão, mas sabendo que ele incha, talvez se sinta melhor, e tenha uma aparência melhor também, se o cortar de vez da dieta.

coma-me

Café da manhã	Uma fruta cítrica e uma torrada. Nada de manteiga ou margarina na torrada, mas uma camada bem espalhada de patê de ricota é permitida. Uma torrada seca tem um gosto bom. É importante fazê-la com pão bem saboroso, como o pão de sementes descrito na p. 149.
Almoço	Sopa rica de legumes (ver receita na p. 146). Ela pode ser feita com antecedência e é especialmente boa no inverno, quando você quer mais do que uma salada. Pode até ser congelada. É rápida e fácil de preparar.
Jantar	Uma travessa grande de legumes cozidos, como brócolis, couve-flor, abobrinha, vagem.
Lanche *sexy*	Um punhado de sementes ou duas cenouras em palitos. Resista à tentação de se encher de pão.

Dia 16

É O DIA DA AVALIAÇÃO. Como seu estômago e sistema digestivo reagiram à reintrodução do trigo em sua dieta ontem? Como você se sentiu? Confortável? Ou teve dores? Tendo passado sem trigo e derivados por 14 dias, seu sistema reagirá instantaneamente se não gostar de trigo e você voltar a introduzi-lo. Se acha que sua digestão tolera a adição de pão sem dificuldades, pode continuar comendo até duas fatias por dia, desde que não queira perder mais peso.

Se seu estômago doer e ficar cheio de gases, tente passar sem pão e outros produtos derivados de trigo. Você vai se sentir muito mais *sexy*. Uma barriguinha lisa faz a gente se sentir acrobático e flexível, uma sensação levemente erótica que se encaixa muito bem com o ato amoroso. O cardápio de hoje continua o processo de reintrodução de alimentos (hoje, são ovos), mas se você quiser perder mais peso, prefira o cardápio do Segundo Dia (ver p. 93).

O carrinho de mão

De vez em quando, é divertido experimentar uma posição sexual que provavelmente é impossível, mas que faz rir quando você tenta. Uma das minhas posições bobas prediletas é o Carrinho de Mão, na qual a mulher se equilibra nas mãos e o homem, em pé, a segura pelas pernas e entra nela por trás. Ela precisa ter força nos antebraços e ele tem de se equilibrar bem para conseguir imprimir um bom ritmo (mas não tão forte que atire a parceira longe!). A capacidade de tentar uma bobagem como essa é reconfortante, porque significa que você confia tanto em seu parceiro que não teme o risco de parecer tolo.

Terceira semana | DIA 16

coma-me

Café da manhã	Um ovo quente e palitos de torrada com patê de ricota (no máximo uma fatia de pão). Ou uma tigela de flocos de milho com leite desnatado, mas nada de frutas.
Almoço	Uma grande salada crua crocante que inclua repolho branco e roxo, cenoura cortada em lascas, pimentão cortadinho e pepino, além de alface americana picada. Enfeite com sementes de girassol e gergelim, um pouquinho de sementes de linhaça (se você for mulher) e um pouquinho de molho de salada de baixa caloria. Se quiser pão, coma sua segunda fatia de hoje sem passar nada nela.
Ceia	Mexido Chinês: pode incluir cogumelos em fatias, castanha d'água, broto de bambu, broto de feijão, cenouras cortadas e repolho verde, cebolinha e um pouco de molho de soja (confira se não tem açúcar na composição) e tempero chinês para dar sabor. Frite os ingredientes em um tacho com um pouquinho de óleo de gergelim. Se você não estiver mais tentando perder peso, sirva sobre uma camada de macarrão de arroz; caso contrário, deixe isso de lado. Nada de fruta ou sobremesa esta noite.

dica sexual: Se você tiver tempo para fazer amor durante o dia, tente beber uma xícara de café meia hora antes. O café age como um estimulante suave do sistema nervoso central. O efeito estimulante tem seu pico na corrente sanguínea de 15 a 45 minutos após a ingestão da bebida. Tente tomá-lo puro ou, se achar intragável, use leite desnatado. Mas não tome café depois das 6 da tarde.

> "Não há amor mais sincero que o amor pela comida."
>
> George Bernard Shaw

Dia 17

Como seu estômago se sentiu depois de comer o ovo de ontem? Assim como ocorreu com o trigo, você pode deduzir o efeito do ovo em sua digestão ao reintroduzi-lo e, se a sensação for desconfortável e produzir níveis intoleráveis de gases, deixe-o de fora no futuro. Mas se for tudo bem, inclua dois ovos por semana em sua dieta. Por exemplo, ovo cozido em fatias pode ser acrescentado à salada verde e branca de hoje.

O Terceiro Dia é aquele em que, com a exceção do café da manhã, você tenta passar sem nenhuma substância que contenha açúcar. Na prática, isso significa nada de fruta. Mas não é bom cortar as frutas do café da manhã, porque as fibras suculentas das frutas ajudam o sistema digestivo a funcionar com eficiência.

coma-me

Café da manhã	Duas tangerinas, ou meio melão, ou uma laranja. Depois de duas semanas sem açúcar, você pode perceber que a doçura natural dos alimentos fica mais fácil de detectar.
Almoço	Salada verde e branca de alface crespa cortada. Eu uso as variedades lisa, romana e americana com agrião fresco (bem lavado), algumas azeitonas verdes e maços de ervas picadas, como manjericão, salsinha e coentro. Acrescente feijão branco e, se não estiver mais tentando perder peso, cubinhos de queijo feta. Coma tanto quanto aguentar.
Ceia	O *colcannon* é um prato irlandês preparado para os dias de jejum das celebrações, quando não se podia comer carne. Ele pode ser feito com antecedência e congelado (ver receita na p. 147).
Lanche *sexy*	Se for tolerante a trigo, tente palitos de torrada com patê de ricota.

um tempo para você

Revezem-se em um banho quente e em uma automassagem. Depois do banho, cubra seu corpo com uma loção hidratante de boa qualidade. Há algumas marcas populares que contêm óleo de amêndoas; essas são as ideais. Elas se espalham no corpo facilmente, não mancham nem entopem tanto os poros a ponto de você precisar de outro banho. Desde que sejam esfregadas com firmeza, dão ao corpo uma sensação mais quentinha do que outras loções. Todas as massagens são melhores quando a sensação é mais quente do que fria e a automassagem não foge à regra. Assim, saia de seu banho quente para um quarto aquecido e passe 20 minutos massageando a si mesmo vagarosa e prazerosamente, com pequenos movimentos circulares. Se tiver vontade, pode incluir os genitais no final da massagem — isso é opcional.

DÍA 17

Dia 18

Um dos grandes efeitos colaterais de uma boa alimentação, perda de peso gradual e saúde melhor é que a sua resistência aumenta. Se você tiver conseguido ficar sem tabaco nem álcool durante o Plano até agora, melhor para seus pulmões, oxigenação do corpo e saúde arterial. Homens e mulheres com circulação sanguínea saudável percebem que a excitação sexual acontece com facilidade.

Ter como objetivo uma maratona de sexo não é boa ideia. O excitante não é quanto tempo de sexo você faz, mas a imaginação e a técnica utilizadas para o amor. Se você já tiver muita imaginação e bastante técnica, porém, ainda é bem útil não ficar coberto de suor ou ficar cansado depois de três minutos de intercurso. Recomenda-se não ter pressa durante o sexo.

coma-me

Café da manhã	Bananas, flocos de milho e leite desnatado — tanto quanto quiser.
Almoço	A salada variada de sempre, completa com sementes e repolho picado, com pouco molho. A sobremesa pode ser banana e leite. Se estiver comendo pão, inclua uma fatia.
Jantar	Repolho recheado fácil (ver receita na p. 146). Fácil porque, embora você prepare o recheio, não precisa rechear o meio do repolho. Pode não ser tão artístico quanto repolho recheado de verdade, mas se o recheio for colocado ao lado o gosto será exatamente o mesmo! A sobremesa consiste em banana cortadinha, maçã picada e uvas verdes cortadas ao meio, com sementes (elas contêm uma substância que mata a cândida na hora).
Lanche *sexy*	Melão — bastante. Deixe fora da geladeira para que amadureça e fique bem doce.

uma moça à antiga

A Diligência de Lyons é uma posição sexual que aparece em livros de sexo dos séculos XVII, XVIII e XIX. Provavelmente ganhou esse nome porque imita o tipo de sacolejo que você sentiria se viajasse em uma diligência de antigamente. É uma posição com a mulher por cima que exige braços fortes (eles sustentam o peso do corpo) e costas firmes.

Os parceiros se sentam de frente um para o outro. Ela se senta a cavalo no pênis dele e inclina o corpo para trás, apoiando-se nas mãos. Ele também se inclina sobre as mãos. Desse modo, os dois ficam (mais ou menos) retos enquanto ela se movimenta para cima e para baixo durante a acidentada corrida de diligência. É preciso resistência para conseguir!

Dia 19

Esta é uma daquelas noites em que é bom fazer uma caminhada romântica. Uma voltinha ao ar noturno é saudavelmente relaxante. O exercício é suficiente para que você se sinta à vontade, mas não tão cansativo que queira cair na cama imediatamente depois. É perfeito, na verdade, para o tipo de sexo que tira a pressão do abdômen, mas mesmo assim dá uma satisfação delicada ao terminar o dia.

Um dos problemas de se comer pratos com carne, como o que você ingerirá hoje, é que levam muito tempo para serem digeridos. Se você comer muito tarde, pode sentir que seu bife ainda está lá no estômago na hora de ir para a cama. Uma caminhada leve dará ao corpo tempo para digerir a comida e o deixará no espírito perfeito para o sexo.

coma-me

Café da manhã	Um mamão papaia inteiro, bem maduro, com as sementes (para empurrar o bolo alimentar).
Almoço	Tomates cortados ao meio, temperados com azeite de oliva e salpicados com sal, pimenta-do-reino, manjericão e alecrim. Grelhe-os e sirva sobre uma fatia de torrada feita com pão de sementes.
Jantar	Carne magra moída, cozida em uma frigideira antiaderente com um pouco de óleo de oliva, uma pitada de alho, molho inglês e temperos. Antes de servir, escorra toda a gordura do cozimento. Sirva com um molho feito de tomates sem pele que foram batidos e aquecidos em fogo baixo com um pouco de tempero, e mais brócolis e vagem. O método mais fácil para pelar tomates é mergulhá-los em água fervente por alguns segundos. Tente beber pelo menos cinco copos de água hoje para lavar o ácido úrico de seu corpo. Chega de frutas neste dia.
Lanche *sexy*	Aipo, palitos de cenoura e água.

> "Sorvete é refinado. É uma pena que não seja ilegal."
>
> Voltaire

sexo por trás

Ela se ajoelha no chão com a metade superior do corpo inclinada sobre a cama, enquanto ele se ajoelha atrás dela e a penetra por trás. Com a mão, ele pode alcançar o clitóris dela e esfregá-lo enquanto penetra sua vagina. Essa é uma posição extremamente confortável para o homem, embora ele precise fazer muitos movimentos com as nádegas. Também é confortável para ela, desde que não apoie a barriga ou o peito na cama.

DIA 19

Dia 20

EM VEZ DE BEBER o vinho tinto, esta noite você vai cozinhar com ele. Hoje o frango também entra no cardápio. O frango pode causar reação alérgica em algumas pessoas; por isso, novamente, avalie como sua digestão reage a essa carne após a refeição. Como você está tentando manter a dieta com o mínimo possível de gordura animal, retire absolutamente toda a gordura visível dos pedaços de frango.

Como uma celebração adicional ao vinho tinto, você pode saborear um refrescante *sorbet* de frutas — mesmo que contenha um pouco de açúcar! Um dos problemas de se comer cuidadosamente é a monotonia da comida permitida, já que tantas coisas são "proibidas". Transfira suas vontades de comida em ótimo sexo com seu amante. Não coma demais na refeição noturna. Lembre-se: o estômago leve deixa o amante cheio de energia!

> "Uma maçã é algo excelente... até você experimentar um pêssego."
>
> George du Maurier

coma-me

Café da manhã	Frutas frescas ou uma porção de maçã ou pera cozidas em suco de frutas, sem açúcar adicional.
Almoço	Espinafre, brócolis e assado de vagem (veja receita na p. 148). Esse prato pode ser comido quente ou frio, dependendo da estação do ano. O assado pode ser preparado com antecedência, deixado esfriar e guardado na geladeira até que seja necessário. No total, a preparação leva cerca de uma hora.
Jantar	Caçarola chinesa de frango do Jeremy. Esse prato consiste em frango e repolho cozidos juntos em vinho tinto (veja a receita completa na p. 148). Sirva a caçarola com arroz branco. A receita pode ser preparada com antecedência e guardada no congelador ou no *freezer*. A sobremesa é um *sorbet* de frutas simples, comprado, não feito em casa. Confira os rótulos e escolha um que não tenha leite ou creme.
Lanche *sexy*	Biscoitos de arroz com uma fina camada de patê de ricota.

DIA 20

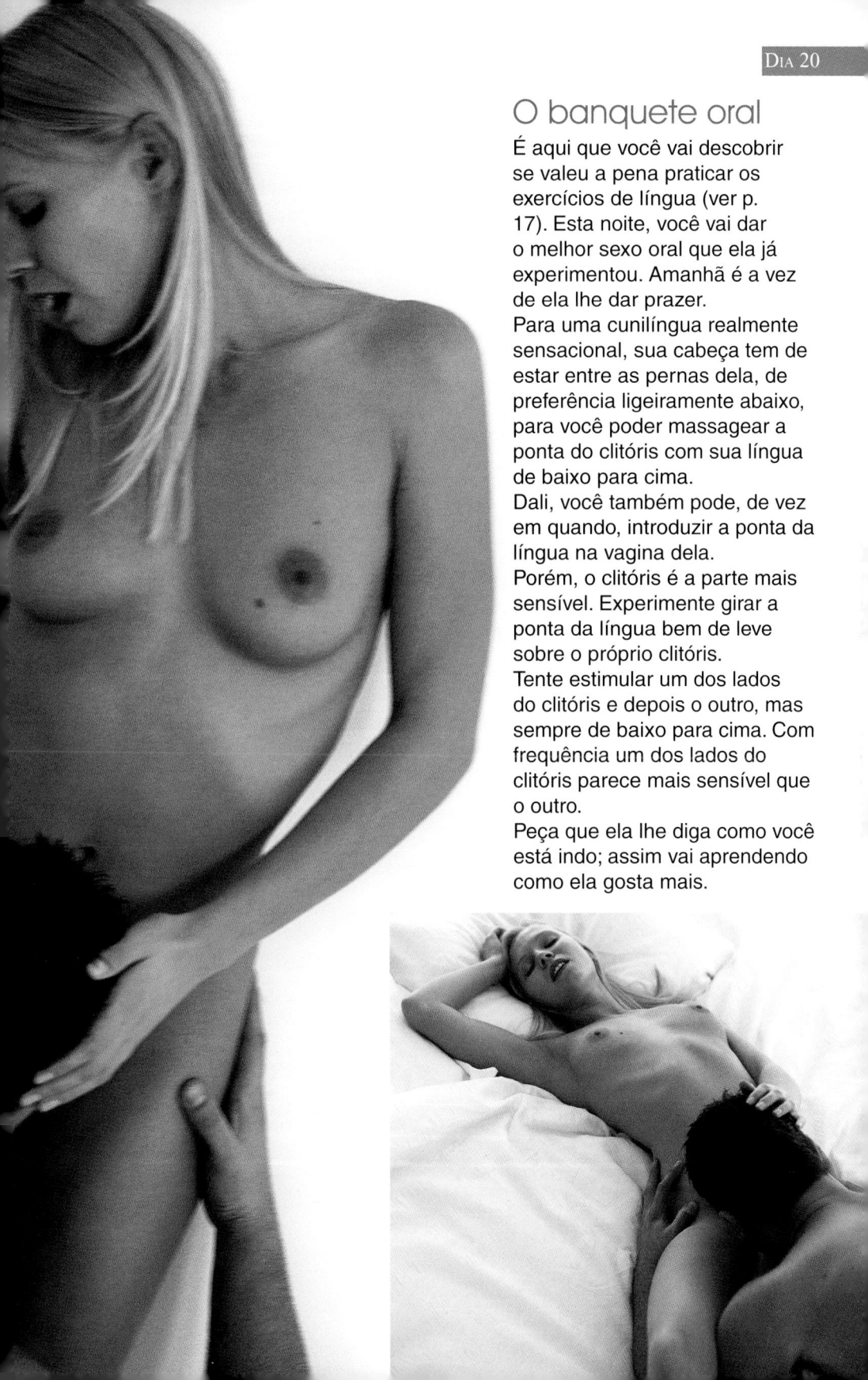

O banquete oral

É aqui que você vai descobrir se valeu a pena praticar os exercícios de língua (ver p. 17). Esta noite, você vai dar o melhor sexo oral que ela já experimentou. Amanhã é a vez de ela lhe dar prazer.

Para uma cunilíngua realmente sensacional, sua cabeça tem de estar entre as pernas dela, de preferência ligeiramente abaixo, para você poder massagear a ponta do clitóris com sua língua de baixo para cima.

Dali, você também pode, de vez em quando, introduzir a ponta da língua na vagina dela.

Porém, o clitóris é a parte mais sensível. Experimente girar a ponta da língua bem de leve sobre o próprio clitóris.

Tente estimular um dos lados do clitóris e depois o outro, mas sempre de baixo para cima. Com frequência um dos lados do clitóris parece mais sensível que o outro.

Peça que ela lhe diga como você está indo; assim vai aprendendo como ela gosta mais.

Dia 21

O Plano de 28 Dias

No fim desta terceira semana você terá acabado de passar por uma dieta de eliminação. Depois de excluir substâncias alimentares reconhecidamente alergênicas, reintroduza-as aos poucos em sua dieta para descobrir como elas o afetam. Com sorte, você sentirá pouco ou nenhum desconforto ao fazê-lo.

O cardápio para a última semana é uma espécie de "cardápio de manutenção", que estabelece uma rotina alimentar saudável, evitando ganho de peso. Se você quiser perder mais peso, o melhor modo de fazê-lo é voltar à primeira semana do Plano de 28 Dias, repetindo-o até ter atingido seu peso e forma desejados. Use o Plano como base para sua dieta pelo resto da vida. Ele o manterá forte, disposto e em ótima forma para uma vida sexual saudável.

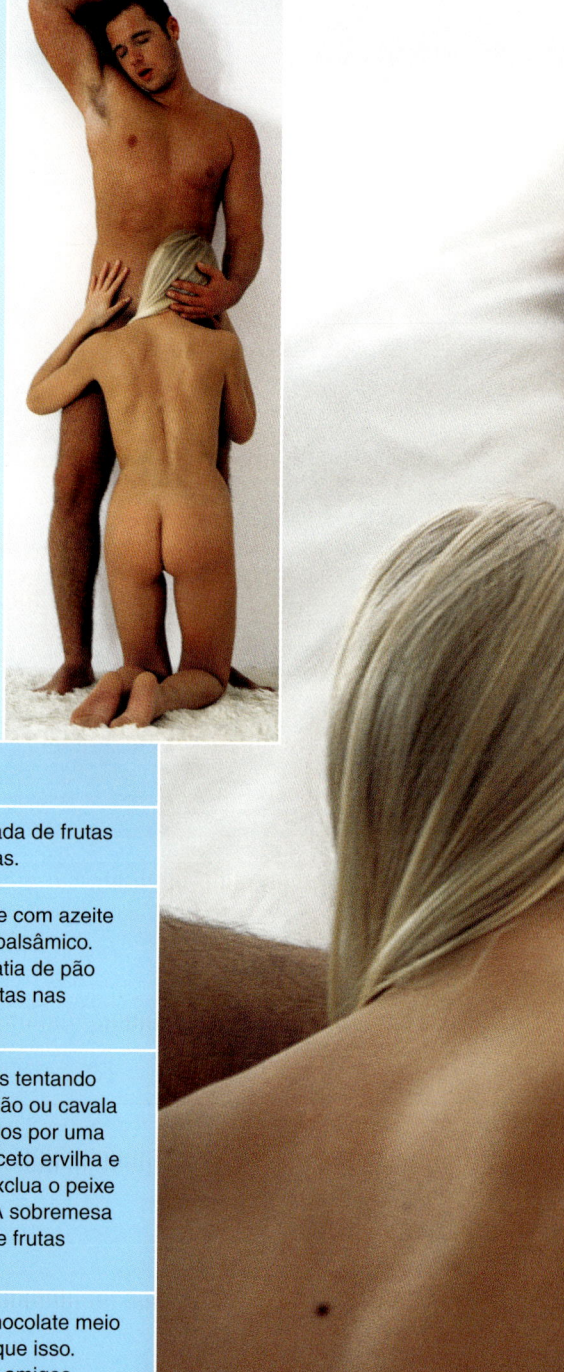

coma-me

Café da manhã	Aveia crua simples, salada de frutas cortadas e suco de frutas.
Almoço	Salada Niçoise. Tempere com azeite de oliva puro e vinagre balsâmico. Acompanhe com uma fatia de pão de sementes (veja receitas nas pp. 148-149).
Jantar	Se você não estiver mais tentando perder peso, coma salmão ou cavala grelhados, acompanhados por uma seleção de legumes, exceto ervilha e milho. Caso contrário, exclua o peixe e coma mais legumes. A sobremesa pode ser uma mistura de frutas macias.
Lanche *sexy*	Pode comer 100 g de chocolate meio amargo, mas não mais que isso. Divida o resto com seus amigos.

Terceira semana DIA 21

sexo oral para ele

Há diversos modos de provocar inesquecíveis sensações no pênis de seu homem. Tente lamber o pênis como se fosse um delicioso sorvete. Segure-o pela base com uma das mãos e, usando a lateral da língua, lamba desde a base do pênis, primeiro de um lado e depois do outro. A seguir, segure o pênis entre os lábios e chupe-o até a base, voltando depois à ponta. Cuidado para não encostar os dentes. Tente chupar a cabeça do pênis e fazer uma pausa, depois voltar a chupá-la. Tente também a chicotada da borboleta. Nessa técnica, você chicoteia de leve, com a língua, a ruga no lado de baixo do pênis.

Dia 22

NA ÚLTIMA SEMANA DO PLANO, seu próprio padrão alimentar saudável é firmemente estabelecido. Ele pode incluir mais pão para você não sentir fome, ou ovos de vez em quando para trazer variedade à dieta. Mas o padrão geral rico em fibras e pobre em gorduras e açúcar, com pouco carboidrato e proteína ocasional, é o que conta. Continue a usar a unidade de sete dias do Plano de 28 Dias, na qual os primeiros quatro dias da dieta consistem apenas de vegetais.

Da mesma maneira, o lado sexual do plano não é, de forma alguma, obrigatório. Sugiro ajustar sua atividade sexual ao comportamento de sua digestão e ao dia da semana. Ninguém deve fazer sexo se não tiver vontade; por isso, use minhas ideias como sugestões e faça suas adaptações!

coma-me

Café da manhã	Uma porção grande de fruta, como laranja, tangerina ou meio melão.
Almoço	Salada de três feijões (ver receita na p. 149). Guarneça com salsinha picada e uma fatia de limão. Para variar, misture vagem fresca com feijão em lata. Acompanhe com uma fatia de pão.
Jantar	Coma tanta caçarola de repolho quanto quiser (ver receita na p. 146). Se estiver comendo pão, pode usar uma de suas fatias aqui. Se não, prepare batatas simples cozidas ou uma batata assada. Cubra as batatas com a mistura de legumes, de modo que elas fiquem ensopadas e você não sinta necessidade de adicionar mais manteiga ou azeite. Como sobremesa, coma a outra metade do melão.
Lanche *sexy*	Tanto aipo cru quanto você puder comer. Ou a outra metade do melão, se não a comer no jantar.

a posição do bocejo

O *Kama Sutra* menciona esta posição em que a mulher se deita de costas com as pernas em volta das ancas do parceiro, tão abertas quanto ela aguentar. Ele a penetra de joelhos. O alongamento da coxa da mulher exercita todos os músculos da parte interna da coxa e a faz sentir-se aberta e vulnerável, coisa que muitas julgam extremamente erótico. Qualquer mulher que tenha feito o alongamento da coxa do Pilates (ver p. 31) terá uma bela vantagem ao praticar esta posição.

Dia 23

A PRIMEIRA CONDIÇÃO DO SEXO é que seja bom. A segunda é que você queira fazê-lo. E se você estiver seguindo o Plano de 28 Dias, a terceira é que ele seja uma oportunidade de exercício tanto físico quanto sensorial — ainda que moderado. Se você tiver praticado os exercícios do Capítulo Dois, sabe que alguns deles são movimentos de treinamento do Pilates.

Quando você chegar à posição sexual de hoje, perceberá que é uma versão agradável de um alongamento básico de coxa do Pilates (semelhante ao exercício da p. 31). A diferença é que seu amante estará entre suas coxas durante o treinamento. E ao se alongar bem você também poderá avaliar como seu plano de alimentação a está afetando. Se seu estômago estiver confortável e a digestão fácil, você vai usufruir bem mais do lado sexual do Plano de 28 Dias.

> "Eu faço exercício com frequência. Veja, apenas ontem tomei meu café na cama."
>
> Oscar Wilde

coma-me

Café da manhã	Uma porção grande de fruta, como uma maçã grande ou um pequeno cacho de uvas.
Almoço	Uma salada fresca de repolho branco cortado, laranja doce, chicória e sementes de girassol com um molho de alho. Coma com uma fatia de pão.
Jantar	Repolho branco frito no tacho com cebola, cogumelo, batata cortada e maçã ralada. Tempere com um pouco de *curry* em pó e água. Cubra até cozinhar. Pouco antes de servir, adicione coentro cortado fino. Sirva sobre uma camada de lentilhas cozidas, temperadas com cominho e coentro.
Lanche *sexy*	Prepare uma vasilha de cenoura fresca, aipo, pimentão e couve-flor crua em palitos ou florzinhas.

bebidas: Beba apenas chá, café preto ou água hoje — não tome sucos de fruta.

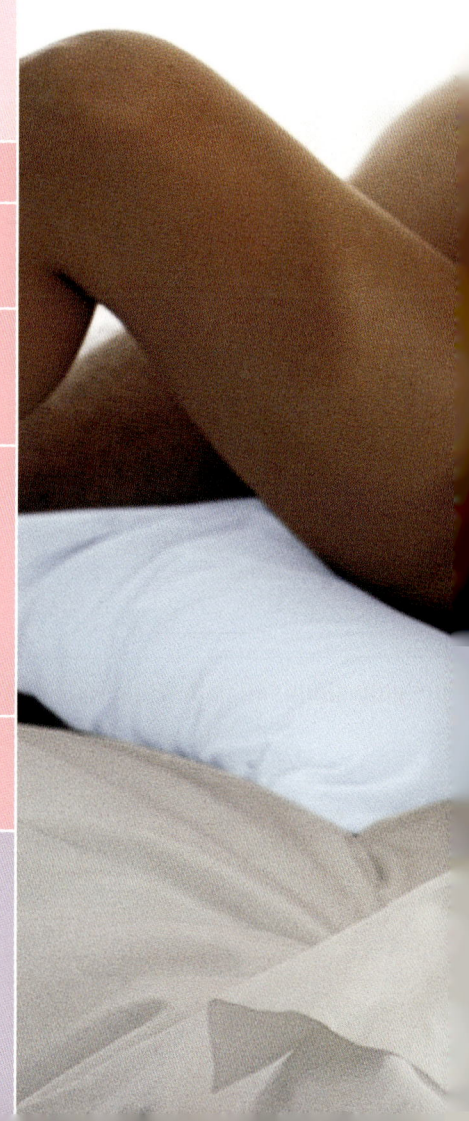

Quarta semana

DIA 23

conversa de travesseiro

Nesta posição, a mulher se deita de costas com as nádegas erguidas por um travesseiro. O homem a penetra entre as pernas, encorajando-a a erguer mais o bumbum para se aproximar dele, encontrando-o no caminho. O clitóris encontra os genitais dele com maior impacto e ela usa a estabilidade de seu abdômen, unida a um movimento de nádegas muito forte. Ela também pode exercitar os músculos vaginais no pênis ao mesmo tempo.

Dia 24

O Plano de 28 Dias

Quem já andou a cavalo vai entender as semelhanças entre os ritmos da cavalgada e certas posições sexuais. Apesar das piadas grosseiras, não é coincidência que as adolescentes com frequência adorem cavalos e atividades ligadas à cavalgada. A sensualidade aumenta durante a puberdade e é perfeitamente comum moças terem o primeiro orgasmo sobre a sela. Não é de se espantar que viciem naquilo.

Mas se você nunca teve a oportunidade de descobrir sua resposta sexual pela cavalgada, não se preocupe. A posição sexual de hoje exercita exatamente os mesmos músculos usados quando trotamos pelos campos. Se você perseverar, pode até conseguir treinar para montar um cavalo de verdade, caso fique com vontade de dar uma passada nos estábulos!

coma-me

Café da manhã	Uma porção grande de fruta — um pêssego, meio melão ou uma maçã grande. Se estiver tendo dificuldades com a digestão, inclua três ou quatro ameixas secas ou em lata, mas NÃO em calda.
Almoço	Uma salada grande sobre uma camada de lentilhas, maçã descascada em fatias, tomates cereja cortados ao meio e folhinhas de espinafre. Tempere com sal e pimenta, azeite e vinagre balsâmico. Coma com uma fatia de pão. Como sobremesa, uma maçã grande.
Jantar	Repolho roxo com maçã ralada, um pouco de vinagre balsâmico, uva passa e sementes de girassol, puxados no azeite de oliva. Se você não estiver mais tentando perder peso, sirva com uma batata assada. Se estiver, substitua a batata por dois legumes. A sobremesa será uma fruta macia, como amoras ou morangos.
Lanche *sexy*	Uma segunda fatia de pão ou biscoitos de arroz sem trigo.

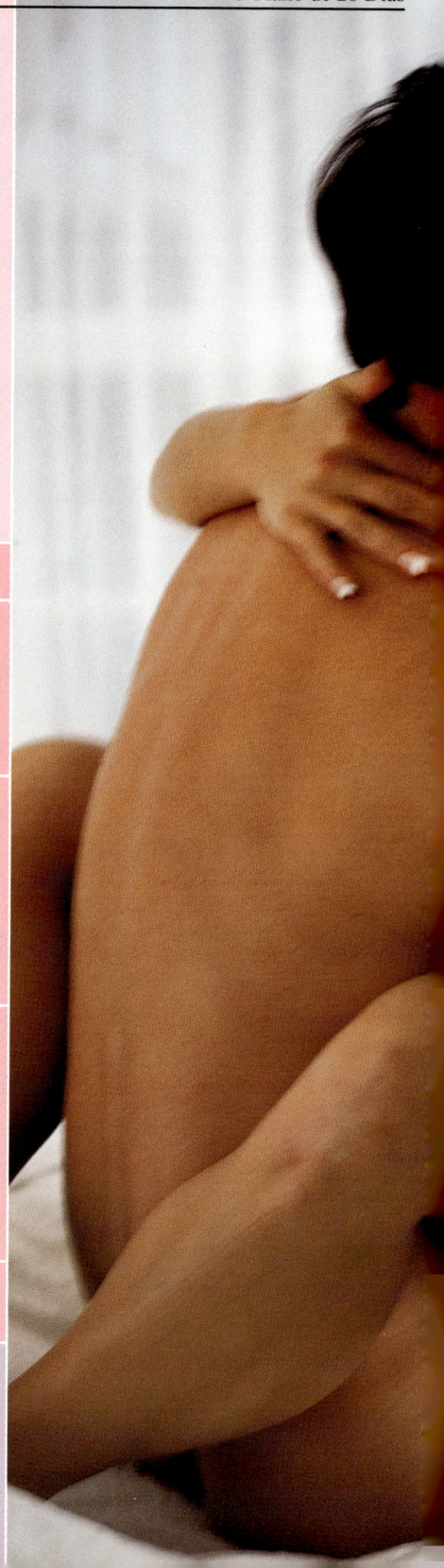

DIA 24

> "O amante perfeito é aquele que se transforma em pizza às quatro da manhã."
>
> Charles Pierce

mão de pilão

O manual de sexo do século XVI, *Jardim Perfumado,* descreve uma posição sexual chamada Mão de Pilão. O homem senta com as pernas esticadas e a mulher senta de frente para ele, abraçando sua cintura com as pernas e guiando o pênis para dentro da vagina. A posição dá uma sensação semelhante à da cavalgada, porque os movimentos da coxa dela para cima e para baixo são muito parecidos com o trote. O prazer do homem pode aumentar bastante se, a cada vez que ela descer sobre o pênis, também apertar os músculos vaginais e "mordê-lo" com firmeza. Tanto os músculos vaginais quanto os das nádegas entram em jogo aqui.

Com frequência, só depois de acabar de fazer amor você percebe por quanto tempo conseguiu manter uma atividade particularmente vigorosa. É interessante observar que músculos você usa durante certas sessões de sexo. A posição sexual de hoje exige muita resistência e músculos superfortes nas coxas e no bumbum do homem. Eles realizarão o movimento para baixo e para cima durante o tempo que durar o ato. Não estou sugerindo que o intercurso sexual se torne um teste de resistência, mas sei que muitas mulheres precisam que seu homem consiga manter os movimentos por bastante tempo para que elas atinjam o clímax.

Porém, se o coito prolongado não funcionar para você, dê uma olhada na posição sexual de amanhã.

o homem por baixo

Embora a mulher esteja por cima, é o homem, embaixo, quem faz a força e controla esta sessão de sexo. Ele se deita com as pernas afastadas e ela deita sobre ele, encarando-o, com as pernas entre as dele, apoiando-se nos antebraços. Claro que ela pode se mexer, mas a ação principal vem de um movimento para cima e para baixo do homem, uma mistura de movimentos da coxa e das nádegas. Quando ficarem cansados, rolem sem se largar e passem à Posição do Missionário.

Quarta semana | DIA 25

coma-me

Café da manhã	Bananas e leite desnatado — tanto quanto você puder comer e beber.
Almoço	Uma grande salada mista, completa com sementes e repolho cortado e um pouco de molho. Para a sobremesa, leite e bananas.
Jantar	*Ratatouille* assada (ver receita na p. 149).
Lanche *sexy*	Novamente aquelas frutas amarelas curvas.

bebidas: Leite desnatado, chá, café — desde que seja tomado antes das 6 da tarde — e água.

DIA 26

MUITAS MULHERES NÃO QUEREM que seu homem fique horas penetrando-as durante o sexo. Pode ser muito atlético, mas também é tedioso. Em vez disso, elas preferem a magia dos dedos. O que deixa as mulheres excitadas são beijos, carícias, corpos tão unidos quanto possível e muito, muito tempo para criar um clima romântico. O ideal é que as carícias comecem na parte de cima do corpo e desçam em seguida para a área da pélvis. Isso não é feito em uma espécie de vácuo.

A imaginação faz que qualquer sexo funcione bem; ele pode ser alimentado com palavras de amor, sugestões picantes ou mesmo histórias eróticas, enquanto os dedos mágicos dele realizam sua missão. Apenas tenha em mente que o bom sexo deve ter amor, além de ser físico. Diga à sua mulher o quanto você a ama, enquanto lhe proporciona momentos mágicos com as mãos.

coma-me

Café da manhã	Bata no liquidificador frutas exóticas como manga, mamão papaia, morango; qualquer fruta, exceto banana.
Almoço	Sopa de legumes (ver receita na p. 146). Ela pode ser preparada com antecedência e levada para o trabalho em uma garrafa térmica. A sobremesa será um mamão papaia maduro ou uma manga. Se comer papaia, engula as sementes e a polpa do meio — faz um bem inacreditável.
Jantar	Hoje é a noite do bife de novo. Coma até 500 g de carne de vaca grelhada, acompanhada por tomates grelhados e um legume. A sobremesa pode ser uma fruta fresca ou uma pequena porção de frutas em lata, desde que seja em suco, NÃO em calda.
Lanche *sexy*	Biscoitos de arroz com uma camada fina de patê de ricota.

dica: Tome ao menos cinco copos de água durante o dia para expulsar o ácido úrico.

dedos mágicos

Só depois de ter tocado o corpo inteiro da amante com os dedos, você deve passar aos genitais. Certifique-se de que eles estejam bem lubrificados — há lubrificantes especiais para isso ou, se forem muito caros para você, use a velha e boa saliva. Assim que chegar aos genitais, há quatro movimentos de massagem ótimos para experimentar:

Suave tortura capilar Puxe delicadamente o pelo púbico dela em pequenos tufos. Usando as duas mãos ao mesmo tempo, desça da raiz dos pelos púbicos até a lateral dos lábios.

Bico de pato Faça um "bico de pato" com os dedos, coloque-os sobre o clitóris e derrame óleo de massagem aquecido sobre eles, para que ele escorra lentamente pelos genitais dela.

Cosquinha Puxe um dos lábios vaginais e solte. Repita o mesmo movimento um pouco mais para baixo. Faça isso por todo o comprimento do lábio e repita a "cosquinha" no outro.

Manobras clitorianas Com um toque muito delicado e muita lubrificação, passe o dedo primeiro em torno da ponta e depois para cima e para baixo do clitóris.

> "Há quatro grupos alimentares básicos: chocolate ao leite, chocolate amargo, chocolate branco e trufas de chocolate."

DIA 26

DIA 27

UMA DAS QUEIXAS MASCULINAS a respeito das mulheres é que elas não tomam a iniciativa com muita frequência no sexo. Outra reclamação é que, depois de alguns anos, por melhor que seja, fica monótono. É por isso que, de vez em quando, é bom introduzir algo novo e dinâmico. Não façam isso com muita frequência, porém, pois é importante manter o fator surpresa. Somos criaturas ávidas por novidades e o quarto não é exceção.

Hoje, portanto, a mulher vai oferecer a seu homem a maravilhosa gostosura manual que ontem ele generosamente ofereceu a ela. Porém, esta é uma versão feita sob medida para a anatomia masculina. Vocês podem fazer isso antes da refeição noturna — quer dizer, se forem solteiros, sem filhos e sem trabalho. Se não, comam pouco esta noite!

coma-me

Café da manhã	Uma laranja, mas sem açúcar adicional.
Almoço	Uma grande salada crocante, se for verão, ou sopa de legumes feita em casa, se for inverno. Uma fatia de pão de sementes.
Jantar	Um peixe carnudo e consistente como solha, parracho ou linguado, cozido com uvas cortadas ao meio com as sementes em pouco óleo de oliva. Experimente também cozê-lo com funcho marinho, uma alga comestível. Mesmo se não gostar da textura do funcho marinho (ele precisa ficar tenro), ele acrescenta um salgado natural ao prato. Sirva o peixe escolhido com legumes verdes. A sobremesa é o Creme ao forno do Phillip (ver p. 149).
Lanche *sexy*	Legumes cortados, como cenouras, aipo, couve-flor, pimentão vermelho ou verde.

massagem genital

Cubra o corpo de seu homem com carícias e desça até os genitais. Você vai fazer nele uma massagem genital. Passe bastante óleo nas mãos para não ferir a delicada pele do pênis. Eis três movimentos para dar prazer a ele:

O espremedor de limão Segure o corpo do pênis com uma mão e esfregue a palma da outra em torno da cabeça, como se estivesse espremendo um limão.

Mão sobre mão Escorregue a mão em concha sobre a cabeça do pênis e pelo corpo. Antes de chegar à base, comece o processo novamente com a outra mão, para que o movimento de cima para baixo seja como um fluxo contínuo.

A contagem regressiva Consiste em dois movimentos. No primeiro, segure a parte de cima do pênis dele com a mão direita e ponha a esquerda sob os testículos, com os dedos em direção ao ânus. Enquanto desce a mão pelo corpo do pênis, envolvendo-o tanto quanto possível, suba com a mão esquerda pelos testículos. O objetivo é juntar as mãos na base do pênis. No segundo movimento, suba a mão direita pelo pênis, descendo novamente a esquerda pelos testículos. Como antes, faça tudo devagar e com firmeza. Faça dez vezes o primeiro movimento, depois mais dez vezes o segundo; nove vezes o primeiro movimento, mais nove o segundo; e assim por diante, até um movimento.

Día 27

Dia 28

Durante o último mês você deve ter perdido algum peso (se esse era seu objetivo); aprendido a comer alimentos saudáveis; conhecido padrões saudáveis de alimentação para poder continuar com facilidade, ou até mesmo automaticamente, a seguir o Plano semanalmente; desintoxicando seu corpo de substâncias alimentares danosas; aprendido a ouvir o que o estômago diz sobre sua capacidade digestiva individual; e obtido, como resultado, mais flexibilidade corporal. Se não tiver gostado de alguma parte deste plano alimentar, adapte-o para que se adeque a você — desde que obedeça ao padrão semanal de alimentação e corte a maioria das gorduras. Durante o processo, espero que você tenha aprendido também a ajustar seu modo de fazer amor, não apenas às necessidades emocionais do outro, mas também às de seu corpo e — por mais estranho que possa parecer — de seu estômago. Você realmente não precisa que eu lhe diga que, se estiver sofrendo de indigestão ou se estiver acima do peso, não sentirá muita vontade de fazer sexo.

Quarta semana

DIA 28

coma-me

Café da manhã	Salada de frutas frescas.
Almoço	Batatas novas recém-cozidas, com um pouco de margarina vegetal *light* e manjericão picado, com um prato de repolho picado, cenoura e maçã, regados com suco de limão. Coma com uma fatia de pão.
Jantar	Carne e tomates (ver p. 99). Sirva com hortaliças frescas e uma fatia de pão. A sobremesa pode ser uma fruta fresca ou uma pequena porção de frutas em lata, desde que sejam em suco, NÃO em calda.
Lanche *sexy*	Melão — bastante. Deixe-o fora da geladeira para que amadureça e fique bem doce.

dica alimentar: Beba ao menos cinco copos de água hoje para lavar o ácido úrico do corpo.

encaixe lateral

Se estiver com vontade de se exibir, vá para a louca façanha acrobática descrita na p. 23, chamada Postura da Ponte. Mas se estiver se sentindo um pouco cheio por causa da carne, talvez seja melhor partir para algo mais lento e fácil. O sexo "de ladinho" é bom para homens e mulheres que queiram diminuir um pouco o ritmo de sua vida sexual. Por isso, eis aqui a opção do Encaixe Lateral. Deitem-se de lado, de frente um para o outro, com as pernas esticadas. A perna de cima dela fica entre as dele e o pênis na vagina. Ele a puxa pelo bumbum em sua direção. Ela se solta para que ele use todo o corpo dela para facilitar o intercurso. Se vocês preferirem uma versão mais vigorosa do abraço, rolem até que a mulher fique por baixo e o amante esteja estendido sobre seu corpo, com as pernas envolvendo as dela.

Receitas

AS SEGUINTES RECEITAS são para o Plano de 28 Dias. Ao adaptá-las para suas próprias exigências, confira as diretrizes da p. 82 para ter certeza de que está fiel ao espírito do Plano.

---

sopa de legumes
1º dia

Ingredientes
- 2 batatas médias
- 2 cenouras grandes
- 200 g de repolho verde
- meio alho-poró
- 1 cubinho de caldo de legumes

Preparação
Coloque as batatas, cenouras, repolho e alho-poró em 1 litro d'água. Não é preciso cortar os legumes. Na verdade, isso deve ser feito apenas depois do cozimento, e é por isso que eles devem ser bem lavados de antemão. Também se podem usar sobras de legumes, se você quiser economizar. Acrescente um cubinho de caldo de legumes. Cozinhe em fogo baixo por meia hora ou até que as cenouras estejam bem cozidas. Depois de esfriar, bata a sopa no liquidificador. Não acrescente sal e pimenta até acabar de bater. A ação cortante das lâminas reforça o gosto do sal e da pimenta e pode deixar a sopa temperada demais. A sopa pode ser deixada mais grossa ou mais fina, reduzindo ou aumentando a quantidade de líquido.

caçarola de repolho
3º dia

Ingredientes
- 2 cogumelos selvagens grandes em fatias
- 3 cenouras grandes cortadas
- 1 alho-poró grande cortado
- uma porção generosa de vagens finas, limpas e cortadas ao meio
- 300 g de repolho branco picado
- 2 talos de aipo picados (opcional)

Preparação
Cubra todos os ingredientes com caldo de legumes ou de carne. Acrescente um pouquinho de sal a gosto. Cozinhe-os em fogo baixo até todos os legumes ficarem macios, mas não molengas. Isso leva por volta de 20 minutos, mas é bom conferir de vez em quando. Se quiser, pode fazer a receita em quantidade maior e guardar o resto na geladeira. Ela também pode ser colocada em uma marmita térmica para facilitar o transporte.

---

mussaka de repolho
11º dia

Ingredientes
- 1 repolho branco pequeno picado
- 1 alho-poró picado
- 3 cenouras grandes em fatias finas
- 2 colheres de azeite
- dentes de alho
- 300 g de batata sem casca, cortada em fatias

Preparação
Aqueça ligeiramente o repolho, o alho-poró e as cenouras em um pouco de azeite, com o alho. Quando os legumes estiverem cobertos de azeite e começarem a ficar macios, coloque metade da mistura em um prato refratário. Cubra com os pedaços de batata, tempere com sal, pimenta e noz-moscada ralada na hora. A seguir, coloque a porção reservada de legumes e espalhe-os, cobrindo-os com mais batata. Tempere novamente com sal, pimenta e noz-moscada. Faça um molho de leite desnatado e fécula de arroz, formando um líquido encorpado. Derrame-o sobre o refratário até cobrir as camadas e espalhe por cima pedacinhos de margarina derivada de azeite de oliva. Asse a 300° por 30 minutos.

colcannon
17º dia

Este é um prato irlandês preparado nos dias de jejum das celebrações, quando não se podia comer carne. O prato pode ser preparado com antecedência e congelado.

Ingredientes
- 1 tigela pequena de batata amassada
- 1 tigela pequena de repolho picado, de preferência verde, ligeiramente cozido
- 1 cebola grande picada
- 1 colher de azeite

Preparação
Misture bem a batata amassada e o repolho em uma tigela grande. Frite a cebola picada com o azeite em um tacho e acrescente a mistura de batata e repolho, apertando-a sobre a cebola frita. A mistura deve ficar bem compacta e cozinhar até adquirir uma tonalidade amarronzada por baixo. Quando estiver crocante, vire-a e cozinhe do outro lado. De vez em quando, aperte a mistura no tacho e continue cozinhando e virando até obter um bolo marmorizado verde e branco com pedacinhos marrons crocantes e saborosos.

---

repolho recheado fácil
18º dia

Ingredientes
- 1/2 kg de arroz agulhinha cozido
- 1 colher de óleo de oliva
- 1 cebola pequena em rodelas
- 300 g de cogumelos em fatias, levemente cozidos
- 2 tomates sem pele picados
- um punhado de uvas passas
- 1 cubo de caldo de legumes
- pimenta, sal, molho inglês

Preparação
O recheio consiste em arroz cozido, passado no azeite com o alho, a cebola e os cogumelos (essa etapa pode ser feita com antecedência e congelada em porções do tamanho apropriado). Acrescente à mistura dois tomates sem pele picados e um punhado de uvas passas, temperando com um cubo de caldo de legumes, sal, pimenta e molho inglês. Quando a mistura de arroz estiver bem tenra, sirva com repolho verde cozido.

assado de espinafre, brócolis e vagem
20º dia

Este prato pode ser preparado com antecedência e guardado na geladeira.

Ingredientes
- 1/2 kg de espinafre
- 1/2 kg de brócolis, separado em arvorezinhas
- um punhado de vagem fina
- 2 ovos
- 250 ml de leite desnatado
- sal e pimenta

Preparação
Limpe bem o espinafre, tire os talos duros e escalde. Escalde o brócolis. Corte a vagem em pedaços de 5 cm e escalde. Os três legumes podem ser pré-cozidos juntos. Arrume-os em um prato refratário e tempere com sal e pimenta. Bata dois ovos em 250 ml de leite desnatado e derrame a mistura sobre os legumes. Rale noz-moscada por cima. Asse no forno a 350 graus por 30-40 minutos. Depois de mais ou menos meia hora, teste com um garfo. Se ele sair limpo, o assado está pronto.

---

caçarola chinesa de frango do jeremy
20º dia

Ingredientes
- O centro de um repolho branco grande, picado
- 1 colher de óleo de gergelim
- 1 pedaço de gengibre fresco picado
- 2 dentes de alho picados
- 1 peito de frango por pessoa
- 250 ml de caldo de legumes
- 3 colheres de vinho tinto
- 1 pimenta dedo-de-moça seca (opcional)

Preparação
Tire o miolo duro de um repolho branco, pique-o e frite em um pouco de óleo de gergelim junto com o gengibre e o alho. O sabor do núcleo se altera e a textura fica macia. Ponha tudo em um prato para caçarola. Pique o resto do repolho e acrescente à caçarola (um repolho grande, inteiro, serve quatro pessoas). Pique o frango e acrescente. Qualquer parte do frango serve, mas é preciso tirar os ossos. A carne branca do peito tem uma aparência melhor, mas não é necessariamente a mais saborosa. Calcule um peito de frango por pessoa. Acrescente o caldo de legumes e o vinho tinto. Se você gostar de comida bem temperada, adicione a pimenta socada. Asse em forno quente por uma hora. Retire do forno, ajuste o tempero e acrescente mais vinho, se desejar. Ponha novamente no forno até que o frango comece a desmanchar. Sirva com arroz branco.

salada niçoise
21º dia

Ingredientes
- 1 pé de alface romana
- 100 g de atum fresco ou enlatado, em lascas
- um punhado de azeitonas pretas sem caroço
- 2 ovos cozidos por pessoa
- um punhado de anchovas picadas
- azeite e vinagre balsâmico

Preparação
Arrume a alface romana crespa dos lados da saladeira e faça uma camada com algumas folhas picadas no fundo. Ponha no meio o atum em lascas. Se estiver usando o enlatado, prefira o que é conservado em água ou molho, não óleo. Arrume as azeitonas, os ovos cozidos cortados ao meio e um pouco de anchovas cortadas por cima da alface e do atum. Tempere com azeite e vinagre balsâmico. Acompanhe com uma fatia de pão de sementes.

---

salada de três feijões
22º dia

Ingredientes
- 1 lata de grão-de-bico
- 1 lata de feijão vermelho
- 1 lata de feijão branco
- um punhado de vagem fina cozida
- 2 colheres de cebolinha picadinha
- 1 colher de salsinha fresca, hortelã e coentro
- sal e pimenta
- molho de alho

Preparação
Misture os feijões e lave-os bem em um escorredor. Corte a vagem em pedaços de 5 cm e misture-os com os feijões (pode usar sobras de vagem) junto com a cebolinha, a salsinha, a hortelã e o coentro. Tempere com um pouco de sal, pimenta e o molho de alho. Acompanhe com uma fatia de pão.

ratatouille assada
25º dia

Ingredientes
- 2 abobrinhas em fatias
- 1/2 kg de tomates sem pele em fatias
- 1 lata de feijão branco
- sal misturado com alho moído
- 1 cubo de caldo de legumes
- sal e pimenta
- repolho verde picado (opcional)
- purê de tomate (opcional)

Preparação
Em uma caçarola levemente untada, coloque as abobrinhas, tomates e feijão em camadas. Tempere cada camada com sal de alho, o cubinho de caldo esmagado e tempere com sal e pimenta. Por cima, coloque alguns pedacinhos de margarina vegetal *light*. Se quiser continuar a usar repolho, também pode acrescentar repolho verde picado às camadas. Asse a 350 graus por meia hora e prove. Para realçar o sabor, acrescente o purê de tomate, mas esteja ciente de que esse ingrediente quase sempre contém açúcar.

creme ao forno do Phillip
27º dia

Ingredientes
- 2 ovos
- 250 ml de leite
- 1 colher de sopa de açúcar (não use, se preferir, o creme não adoçado)
- um pouco de noz-moscada ralada

Preparação
Misture os ovos com um pouco de leite frio. Aqueça o resto do leite e derrame sobre os ovos, misturando bem. Junte o açúcar e despeje o molho em um refratário de 500 ml untado.
Coloque o refratário sobre uma assadeira com água fria.
Asse no forno a 160º C por 40-50 minutos. Verifique de vez em quando para assegura que o creme não ferva, ficando com a consistência de um pudim. Em alguns fornos, talvez a temperatura precise ser mais baixa. Finalize ralando noz-moscada fresca por cima.

pão de sementes *sexy*

Esta receita foi escrita para aqueles que usam máquinas de panificação para fazer seu próprio pão. Claro que ela pode ser adaptada para se fazer à mão. O aspecto sexual está nas semente, que beneficiam a saúde sexual, especialmente a da mulher.

Ingredientes
- 1 xícara de água morna
- 2 1/2 colheres de azeite de boa qualidade
- 1 colher de açúcar
- 1 colher de sal
- 1 pacotinho de fermento biológico seco
- 1/2 kg de farinha (farinha semi-integral)
- sementes à escolha

Preparação
Reserve parte da farinha. Coloque o resto dos ingredientes na tigela da máquina, com a farinha concentrada em um dos lados. Coloque a tigela de volta na máquina e assegure-se que esteja na posição certa. Com uma colher, faça um buraquinho na parte seca da farinha. Coloque o fermento nesse buraquinho. De forma alguma o fermento deve entrar em contato com o líquido nesse momento, já que ele começaria a agir imediatamente. Por cima da mistura, acrescente delicadamente o resto da farinha. Ligue a máquina e, assim que ela começar a misturar, volte a abri-la e coloque as sementes extras. Podem ser usadas sementes de gergelim, papoula, abóbora ou girassol. Sementes de linhaça são ricas em óleos ômega, mas o sabor não é lá muito agradável, por isso ponha apenas um pouquinho para que o gosto delas não tome posse do pão. Também se podem usar pinhões e frutas natalinas bem picadas. Talvez você precise limpar os cantos da massa com uma espátula. Se ela começar a parecer seca demais, acrescente um pouco mais de água. Feche a máquina e volte três horas mais tarde. Tire o pão logo que puder.

Agradecimentos

A DK gostaria de agradecer ao fotógrafo Russell Sadur e sua assistente, Nina Duncan; a Toko, pelo cabelo e maquiagem; a Lynne O'Neil, Carla DeAbreu, Maria Annison e Cheryl Stannard por auxiliar nas sessões fotográficas; a Laurence Errington pelo índice remissivo. Todas as imagens © Dorling Kindersley

Índice Remissivo

A

abacate – 65
abacaxi – 63, 70
abdominais – 23, 26, 32-33, 35, 37, 42, 51, 71
açúcar – 65-66, 69, 72-73, 82, 85, 90, 94, 96, 99-100, 105-106, 108-109, 112, 115, 121-122, 128, 132, 142, 149-150
agrotóxicos – 67, 80
água – 61, 66, 81-82, 90, 93-94, 99, 102, 105-106, 111-112, 121, 126, 134, 139-140, 145-146, 148-150
aipo – 61, 63, 93, 106, 111-112, 132, 134, 142, 146
álcool – 13, 17, 62, 76, 77, 85, 124
alho – 69, 75, 96, 126, 134, 146-149
alimentação – 6, 7, 79, 84, 105, 115, 119, 124, 134, 144
alimentos crus – 62, 71, 82
alimentos dolorosos – 69
alimentos eróticos – 61
alongamento – 24, 26, 28, 30, 37, 133-134
alongamento do leão – 37
altura – 18, 84
amoras – 66, 90, 100, 136
apertando o corpo dela – 107
apertão – 56-57
arqueamento das costas – 35
aspargo – 63, 65, 99, 105
automassagem – 122
aveia – 66

B

bananas – 61, 96, 110-111, 139
bastões de alcaçuz – 117
baunilha – 63
bebidas – 62, 94, 106, 134, 139
benefícios – 10-11, 75, 89
boa forma sexual – 6, 13
boro – 75
brócolis – 73, 75, 90, 100, 105, 115, 119, 126, 128, 148

C

caçarola chinesa de frango – 148
caçarola de legumes – 99
café – 66, 71, 82, 93-94, 102, 106, 121-122, 134, 139
cálcio – 65-67, 75, 96, 110
calorias – 73, 84-85, 94, 96, 100-111
camisinhas – 83
cardamomo – 65
carne – 85, 98-100, 102, 112-113, 115-117, 122, 126, 128, 140, 145-148
caviar – 61-62
cebola – 75, 134, 147
cenouras – 90, 119, 121, 142, 146-147
centro de estabilidade – 32, 52
champanhe – 61-62
chás – 102
chocolate – 7, 62, 75, 79-80, 82, 102, 105, 116, 130, 140
cintura – 24-25, 37, 52, 137
cítrica – 119
clímax – 57, 91-92, 115, 138
cogumelos – 90, 96, 121, 146-147
coito suspenso – 45
colcannon – 122, 147
com a boca – 16, 83
com a mão – 16, 57, 142
comida – 5, 61, 63, 69, 71, 74, 80-81, 84-86, 94, 96, 105, 121, 126, 128, 148
cosquinha – 140
couve-de-bruxelas – 90
couve-flor – 73, 90, 93, 105, 119, 134, 142
cunilíngua – 129

D

dedos – 13, 17, 22, 24-25, 29, 31, 35, 92, 140, 142
delicadamente – 32, 46-47, 100, 140, 150
derivados de trigo – 13, 17, 22, 24-25, 29, 31, 35, 92, 140, 142
desintoxicação – 13, 17, 22, 24-25, 29, 31, 35, 92, 140, 142
diário sexual – 13, 17, 22, 24-25, 29, 31, 35, 92, 140, 142
dieta – 6-7, 10, 13, 59, 69-71, 73-75, 77, 79, 82, 85, 94, 96, 99-100, 105-106, 112, 119-120, 122, 128, 130, 132
dieta mediterrânea – 13
difícil – 7, 52, 57, 69, 72, 76, 85-86
digestão – 6, 12, 69-71, 75, 81, 85, 90, 102, 105, 113, 120, 122, 128, 132, 134, 136
Diligência de Lyons – 125
drogas – 13, 75-77

E

ejaculação – 16, 57
em pé – 44-45, 120

encaixe lateral – 44, 145
endorfinas – 11, 72, 77, 81, 88
enrolamento – 96
equilíbrio – 23, 30, 95, 100
Erva-de-São-Cristóvão – 75
Erva-de-São-João – 75
ervas – 33
escorregar – 46, 60, 114
esmagamento do estômago – 33
exercício do feixe – 52
exercícios do Pilates – 32, 88, 95

F

feijão – 93, 96, 100, 105, 115, 121-122, 132, 149
figos – 65
físicos – 6, 14, 48, 88
flexibilidade – 7, 11, 13, 26, 31, 42, 85, 118, 144
fruta – 61, 65, 72, 81, 90, 93-94, 105, 108, 117-119, 121-122, 132, 134, 136, 140, 145
frutas cítricas – 69, 73
frutos do mar – 67, 75
fulcro – 92
fumo – 17, 77

G

gengibre – 65, 148
ginseng – 64, 66
gordos – 66
gordura – 73, 82, 85, 99-100, 108-109, 115, 126, 128

H

homem – 11-12, 16-17, 23, 34, 40, 42-46, 48-50, 52-54, 56-57, 62, 65-66, 74-75, 84, 88, 92-93, 95-96, 99-100, 102, 104, 107, 109, 120, 126, 131, 135, 137-138, 140, 142
hormonais – 66, 89
hormônios – 5, 11, 61, 65-66, 75, 88

I

impotência – 16-17, 63-64, 73, 75-76, 85-86
intercurso sexual – 10-11, 15, 21, 32, 83, 86, 138

K

Kama Sutra – 45, 53-54, 64-65, 95, 104, 133

L

lanche – 72-73, 105, 117
legumes – 69, 75, 85, 93, 99, 105-106, 111, 116, 119, 130, 132, 136, 140, 142, 146-149
leite – 65-66, 69, 75, 82, 90, 93, 96, 105-106, 108, 110-112, 116, 119, 121, 124, 128, 139-140, 147-149
libido – 5, 11-12, 17-18, 63-65, 74-75

M

maçã – 81, 93-94, 102, 105, 124, 128, 134, 136, 145
magnésio – 73, 75
Manobra de Beautrais – 57
mãos – 12, 15, 22-26, 28, 30-31, 33-35, 46, 49, 61, 98-100, 111, 120, 125, 131, 140, 142
massa corporal – 18
massagem – 5, 16, 24-25, 46-47, 61, 98, 109, 111, 122, 140, 142
massagem a três mãos – 46
massagem genital – 109, 111, 142
masturbação – 109
meia-idade – 6, 84-85, 87
melão – 73, 90, 94, 108, 122, 132, 136
membros – 24, 33, 90, 100, 111
menopausa – 11, 75, 77, 87-89
missionário – 48-52, 113
monotonia – 81, 128
morango – 63, 99-100, 105, 112, 136, 140
mulher – 11-12, 16, 23, 40, 42, 44-46, 48-54, 56, 61, 65-66, 74, 77, 84, 87, 92-96, 102, 104, 107, 109, 120-121, 125, 133, 135, 137-138, 140, 142, 145, 150
músculos – 6-7, 13, 22-26, 28-29, 32-33, 35, 37, 40, 42, 44-45, 51-53, 75, 87-88, 92, 95, 104, 133, 135-138
músculos abdominais – 23, 26, 32-33, 35, 37, 42, 51

N

niçoise – 148
noz-moscada – 93, 147-149

O

orgasmo – 11, 16, 72, 77, 81, 91, 93, 100, 109, 111, 114, 136
ovo – 121-122

P

padrões de alimentação – 6
pão – 69, 82, 90, 105, 108, 119-121, 124, 126, 130, 132, 134, 136, 142, 145, 148-150

pão de sementes – 119, 126, 130, 142, 148, 150
peixes – 66, 99
pelo púbico – 140
pênis – 42, 54, 56, 67, 83, 92, 95, 100, 104, 114, 125, 131, 135, 137, 142, 145
pernas – 23-24, 28-30, 32-33, 37, 42, 46, 48-54, 90, 94-96, 100, 102, 104, 107, 118, 120, 129, 133, 135, 137-138, 145
peso – 6-7, 18, 35, 48-49, 54, 59, 71, 74, 77, 79, 82, 84, 87, 90, 94, 99, 105-108, 115, 119-122, 124-125, 130, 136, 144
pêssegos – 115
pimenta dedo-de-moça – 148
pinhões – 63, 150
piquenique sensual – 5
Plano de 28 Dias – 5, 7, 16, 59, 70-71, 74, 80, 82, 85, 99
plié – 29
ponto G – 16, 118
posição circundante – 96
posição do bocejo – 133
posição do feixe – 53
posição giratória – 54, 95
posições – 7, 12-13, 40, 44, 56, 91, 118, 120, 136
posições combinadas – 44
postura da ponte – 23, 42
proteína – 85, 99, 112, 132

Q
quadril – 30, 45
queixas masculinas – 142

R
ratatouille assada – 149
reações dolorosas – 71
repolho – 73, 75, 90, 93-94, 96, 99, 102, 105-106, 108, 111-112, 115, 121, 124, 128, 132, 134, 139, 145-149
resistência – 15, 18, 56, 73, 124-125, 138
retardar – 57, 73, 77
ruim – 76, 85-86

S
selênio – 75
sementes – 73, 150
sementes de girassol – 93-94, 100, 105, 121, 134, 136
sementes de linhaça – 73, 94, 121
sexo – 5-7, 9-14, 16-19, 24, 38, 40, 44, 56-57, 59-60, 62, 68-69, 72, 76-77, 81, 83-84, 86-88, 93, 100, 113-116, 124-126, 128-129, 131-132, 134, 137-138, 140, 142, 144-145
sexo oral – 129, 131
sexo por trás – 126
sexo seguro – 83
sexuais – 4-7, 11-14, 17, 19, 40, 56, 61-62, 72, 81, 83, 93, 96, 136
sexual – 4-7, 9-19, 21-23, 32, 40, 42, 44-45, 49-50, 52, 56, 59, 62-69, 71-77, 81, 83-84, 86-89, 100, 104, 120-121, 124-125, 130, 132, 134, 136-138, 145, 150
sexualidade – 7, 12, 14, 74, 93
soltando o cinturão pélvico – 34
sono – 75, 81, 88
sopa de legumes – 142, 146
suplementos – 74-75, 89-90, 96, 106, 110
suplementos herbais – 74-75
suplementos hormonais – 89
suplementos minerais – 75

T
tangerina – 132
teste – 15-19, 138, 148
teste da sensibilidade emocional – 19
teste de massa corporal – 18
teste do conhecimento sexual – 16
testículos – 57, 65, 142
testosterona – 11, 66, 75, 77, 88-89
tomates – 67, 77, 82, 90, 94, 99, 102, 112, 117, 126, 136, 140, 145, 147, 149
três mãos – 46

U
uvas – 61, 73, 93, 124, 134, 142, 147

V
vagina – 11, 67, 95, 102, 104, 126, 129, 137, 145
vegetais – 63, 67, 71, 80-82, 85, 90, 98-99, 105, 108, 110, 112, 132
vícios – 13, 77
vida sexual – 4-5, 9, 11, 76, 84, 86-87, 89, 130, 145
vinho – 62, 73, 82, 102, 117, 128, 148

Z
zinco – 63, 73, 75

Leitura Recomendada

LIVRO DE BOLSO DO KAMA SUTRA

Segredos Eróticos para Amantes Modernos

Nicole Bailey, escritora especialista em saúde, Psicologia e relacionamentos, inspirou-se nos textos dos clássicos orientais *Kama Sutra, Ananga Ranga* e *O Jardim Perfumado*, para reunir nessa obra os mais potentes ingredientes do erotismo oriental e oferecer aos amantes modernos dicas para fazer do sexo uma experiência completa de prazer e sensualidade para todo o corpo. São 52 posições excitantes para aquecer suas relações!

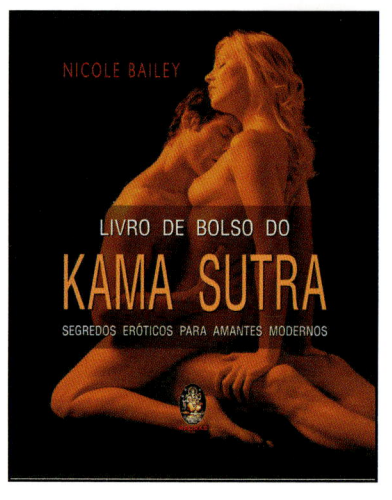

---

69 FORMAS DE SATISFAZER SEU PARCEIRO
Segredos Sexuais para um Prazer Máximo

O livro *69 Formas de Satisfazer seu Parceiro* trata de sensações físicas puras, ousadas e deliciosas, com dicas quentes para apimentar sua vida amorosa e fazer o coração de seu parceiro ou de sua parceira acelerar de desejo. Repleto de sugestões eróticas para o amante aventuroso que há dentro de nós, este livro pede apenas que você abra suas páginas, paquere suas sugestões picantes, namore e tenha horas de diversão, descobrindo o que faz você gemer descontroladamente na cama. Abra as páginas e realize seus sonhos. Siga as sugestões, palpites e dicas – e renda-se à sensualidade. Delicie-se com as fotos envolventes e inspire-se a encontrar a fonte da paixão.

Fantasie...brinque... acaricie...mordisque...sussurre... controle...lamba...e mais!

Leitura Recomendada

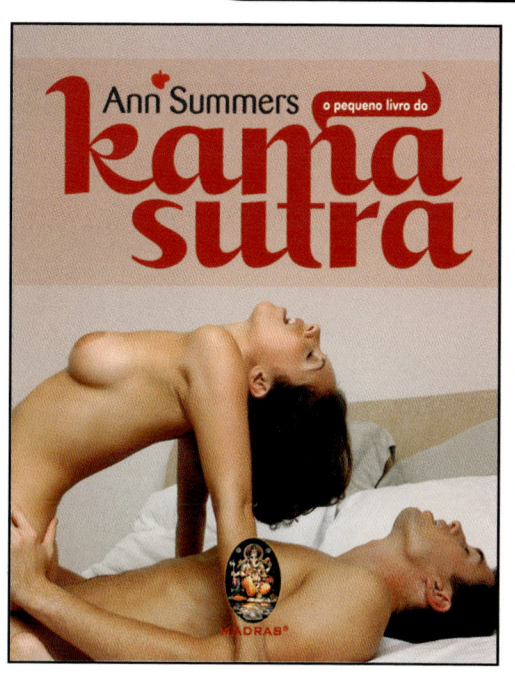

O Pequeno Livro do Kama Sutra
Ann Summers

Eis o guia sexual de Ann Summers para o clássico Kama Sutra. Você verá novas e eróticas posições sexuais, além de dicas para prolongar o prazer.
Este Pequeno Livro do Kama Sutra é recheado de fotos coloridas provocantes e quentes!

O Guia Completo do Sexo Tântrico
Dra. Judy Kuriansky

Você está preparado(a) para novas possibilidades no amor? Quer conquistar mais energia para sua relação amorosa? Então está preparado(a) para descobrir o que este livro lhe reserva.
Com O Guia Completo do Sexo Tântrico, você será apresentado(a) ao modo de vida de povos antigos hindus que proporcionava uma intensa conexão e enfatizava o amor o qual, agora, é redescoberto pelo mundo ocidental: o Tantra.

• Segredos sagrados para alcançar um estado espiritual superior e intimidade sexual.
• Passos instrutivos para fazer amor de modo gostoso e duradouro.
• Maneiras excitantes de agradar o seu parceiro como ele nunca viu antes.

Leitura Recomendada

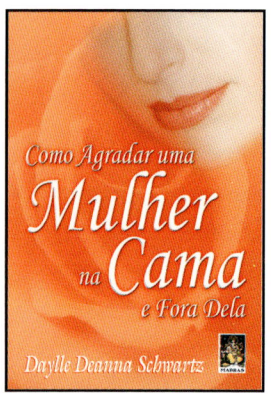

COMO AGRADAR UMA MULHER NA CAMA E FORA DELA
Daylle Deanna Schwartz

Uma obra dedicada a todos os homens que se importam o suficiente com suas parceiras para ler este livro, e para isso é necessário que ele tenha a coragem suficiente de quebrar padrões antigos e abrir-se para trabalhar o crescimento pessoal. Torne seu relacionamento mais quente, mais sexy, mais divertido!

TODOS OS HOMENS SÃO IDIOTAS
Até que se Prove o Contrário
Daylle Deanna Schwartz

Esse livro diz como as coisas são: explica as atitudes dos homens, o que eles realmente pensam a respeito do namoro, sexo e relacionamentos e, mais importante ainda: ensina o que dizer e fazer para obter o afeto que você merece, sem se sentir usada ou magoada.

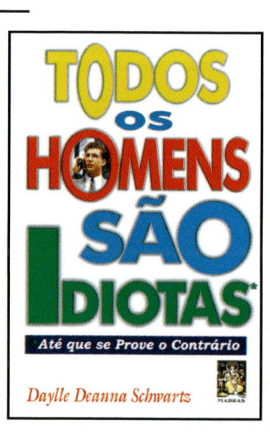

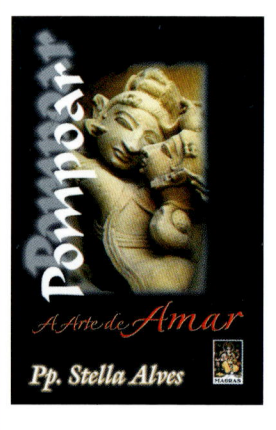

POMPOAR
A Arte de Amar
Pp. Stella Alves

Esse não é apenas mais um livro sobre sexo, mas uma obra dedicada a todas as mulheres e homens que queiram ser felizes no sexo e no relacionamento.

MADRAS® Editora
CADASTRO/MALA DIRETA

Envie este cadastro preenchido e passará a receber informações dos nossos lançamentos, nas áreas que determinar.

Nome _____
RG _____ CPF _____
Endereço Residencial _____
Bairro _____ Cidade _____ Estado ____
CEP _____ Fone _____
E-mail _____
Sexo ❏ Fem. ❏ Masc.   Nascimento _____
Profissão _____ Escolaridade (Nível/Curso) _____

Você compra livros:
❏ livrarias   ❏ feiras   ❏ telefone   ❏ Sedex livro (reembolso postal mais rápido)
❏ outros: _____

Quais os tipos de literatura que você lê:
❏ Jurídicos   ❏ Pedagogia   ❏ Business   ❏ Romances/espíritas
❏ Esoterismo ❏ Psicologia ❏ Saúde   ❏ Espíritas/doutrinas
❏ Bruxaria   ❏ Autoajuda   ❏ Maçonaria ❏ Outros:

Qual a sua opinião a respeito dessa obra? _____
_____

Indique amigos que gostariam de receber MALA DIRETA:
Nome _____
Endereço Residencial _____
Bairro _____ Cidade _____ CEP _____

Nome do livro adquirido:
Sexo Fantástico em 28 Dias

Para receber catálogos, lista de preços e outras informações, escreva para:

MADRAS EDITORA LTDA.
Rua Paulo Gonçalves, 88 — Santana
CEP: 02403-020 — São Paulo/SP
Caixa Postal: 12183 — CEP: 02013-970 — SP
Tel.: (11) 2281-5555 — Fax: (11) 2959-3090
www.madras.com.br

Este livro foi composto em Times New Roman, corpo 11/13.
Impressão e Acabamento
Prol Gráfica — Av. Juruá, 820 — Barueri/SP
CEP 06455-903 — Tel.: (0_ _11) 3927-8188 — e-mail: prolgrafica.com.br